Ronald Schweppe | Aljoscha Long

Anfang gut, alles gut

Ronald Schweppe | Aljoscha Long

Anfang gut, alles gut

Achtsame Morgenrituale für einen entspannten Start in den Tag

mvgverlag

Bibliografische Information der Deutschen Nationalbibliothek
Die Deutsche Nationalbibliothek verzeichnet diese Publikation in der Deutschen Nationalbibliografie. Detaillierte bibliografische Daten sind im Internet über http://d-nb.de abrufbar.

Für Fragen und Anregungen
info@mvg-verlag.de

Originalausgabe
1. Auflage 2020

Nymphenburger Straße 86
D-80636 München
Tel.: 089 651285-0
Fax: 089 652096

Redaktion: Diane Zilliges
Umschlaggestaltung: Manuela Amode
Umschlagabbildungen: shutterstock.com/ Sunny Sally
Satz: Ortrud Müller, Die Buchmacher – Atelier für Buchgestaltung, Köln
Druck: Livonia Print, Riga
Printed in Latvia

ISBN Print 978-3-7474-0182-8
ISBN E-Book (PDF) 978-3-96121-546-1
ISBN E-Book (EPUB, Mobi) 978-3-96121-547-8

Inhalt

Einleitung: »Der frühe Vogel ...«

»Der frühe Vogel ... kann mich mal!« Vielleicht geht dir dieser Gedanke ja auch öfter mal durch den Kopf, während du morgens im Bett das vierte Mal genervt auf die Snooze-Taste deines Weckers drückst. Schon klar, es heißt: »Der frühe Vogel fängt den Wurm.« Aber mal ehrlich: Wer braucht schon Würmer? Also noch einmal umdrehen und ein wenig weiterdösen – oder vielleicht lieber doch nicht?

Natürlich bezieht sich die englische Redewendung »The early bird catches the worm« nicht wirklich auf ein Wurm-Frühstück. Vielmehr ist ein »early bird« in England ein »Frühaufsteher«. Und wer früher aufsteht, hat mehr vom Leben.

Ein guter Start in den Tag schenkt dir Energie und Lebensfreude. Durch eine einfache Morgenroutine kannst du innerlich zur Ruhe finden, deine Gesundheit schützen, deine Herzensziele entdecken oder auch produktiver und erfolgreicher sein. Und nicht zuletzt bietet dir die Morgenstunde die einmalige Chance, achtsam und stressfrei in den Tag zu starten.

»Und jedem Anfang wohnt ein Zauber inne«

Der chinesische Philosoph Laozi sagt: »Auch eine Reise von tausend Meilen beginnt mit einem Schritt.« Ganz genau – und zwar mit dem ersten. Es ist immer der Anfang, der über das Ganze entscheidet.

Psychologen sagen, dass der Anfang unseres Lebens die Weichen für späteres Glück (oder Unglück) stellt. Jeder Schauspieler weiß, dass ein Theaterstück nicht gelingen kann, wenn schon die erste Szene verkorkst wird. Und die Art und Weise, wie du die ersten Minuten des Tages gestaltest, wirkt sich auf deine Karriere, deine Beziehungen, deine Gesundheit und deine Lebensfreude aus.

Beginnst du den Tag achtsam, fokussiert, entspannt und produktiv, dann wird es wahrscheinlich ein richtig schöner Tag. Denn weißt du was? Gestresste fangen schon morgens damit an, gestresst zu sein. Und gelassene, glückliche Menschen beginnen schon morgens damit, gelassen zu sein und sich gut um sich zu kümmern. Anfang gut, alles gut. Oder wie es im Gedicht »Stufen« von Hermann Hesse heißt:

> »Und jedem Anfang wohnt ein Zauber inne,
> der uns beschützt und der uns hilft zu leben.«

Du hast es in der Hand

Kennst du das? Du wachst morgens gerädert auf und kommst einfach nicht aus den Federn. »Ich hätte gestern wohl nicht so lange fernsehen sollen«, denkst du dir. Schließlich schleppst du dich doch noch in die Küche, greifst nach deinem Smartphone, checkst deine Mails und Instagram, und ganz schnell breitet sich Panik in dir aus: »Mist! Schon wieder zu spät dran.« Das Frühstück fällt aus und du musst dich mit einem Coffee to go begnügen.

Menschen, die klare Ziele verfolgen und besonders glücklich und erfolgreich sind, gehören auffallend oft zu den »early birds«. Vielleicht beneidest du diese Leute ja und denkst: »Naja, ist eben Typsache, ich bin halt ein Morgenmuffel.« Doch da irrst du dich. Es ist letztlich nur eine Frage der Gewohnheiten – und die kann man ändern. Statt dir mental Steine in den Weg zu legen, musst du dafür die Kraft deines Geistes nutzen. Und das ist leichter, als du denkst.

Erst stimmen, dann spielen

Ganz gleich, ob als Solist oder im Orchester – jeder Musiker weiß, wie wichtig es ist, sein Instrument vor dem Konzert zu stimmen. Mit einer schlecht gestimmten Geige kannst du noch so engagiert versuchen, schön zu spielen – es wird immer schief klingen. Und je schlechter deine Geige gestimmt ist, desto schlimmer wird's.

Auch Nicht-Musiker sollten wissen, wie wichtig es ist, »gut gestimmt« zu sein. »Erst stimmen, dann spielen« – genau das ist auch der Sinn eines Morgenrituals. Ein Ritual ist nämlich immer auch eine Einstimmung. Das Ritual der Weihnachtsmesse stimmt Christen darauf ein, die Bedeutung der Geburt Christi zu erleben; das Hochzeitsritual bereitet darauf vor, sein Leben mit einem anderen Menschen zu teilen (was eine große Herausforderung ist). Doch auch ein ganz normaler Tag kann ziemlich herausfordernd sein. Daher ist es wichtig, dich schon morgens gut zu wappnen und zu sammeln, indem du dir etwas Zeit für dich nimmst und dich auf das Wesentliche konzentrierst.

LAURAS MORGENRITUAL

Laura ist selbstständig und steht meist spät auf, nachdem sie die halbe Nacht am Computer verbrachte, um ihre Aufträge zu erledigen. Früher brauchte sie dann den ganzen Vormittag als Anlaufphase in den Tag und hatte dann oft ein schlechtes Gewissen.

Seit Laura es sich angewöhnt hat, ein Morgenritual durchzuführen, hat sich vieles verändert. Sie fühlt sich nicht nur besser, sondern kann auch entspannt und konzentriert und damit produktiver arbeiten.

Sobald Laura aufwacht, atmet sie ein paar Mal tief durch und wiederholt dabei innerlich ihr kleines »Dankesgebet«: »Ich bin dankbar dafür, dass ich in einem warmen Bett liegen kann, mein Körper gesund ist und ich einen neuen Tag erleben darf. Ich bin dankbar für meine beiden erwachsenen Töchter und dafür, dass auch sie gesund sind und zufrieden ihr Leben gestalten.« Dann steht Laura auf, trinkt ein großes Glas Leitungswasser und geht ins Bad, um sich achtsam das Gesicht zu waschen und die Haare zu bürsten. Danach geht es gleich auf die Yogamatte.

Laura beginnt mit ein paar schnellen Runden Sonnengruß, bis ihr warm geworden ist. Dann führt sie ihr Yogaprogramm durch. Sie dehnt Nacken und Rücken und arbeitet an ihrer Haltung, um Problemen, die durch langes Sitzen am Computer entstehen können, entgegenzuwirken. Nach der Yogafolge meditiert sie noch fünfzehn Minuten lang, bevor sie abschließend zwei Atemübungen macht.

Ruhig, wach und voller Energie beendet Laura ihr Morgenritual mit einem Kännchen Jasmintee, den sie achtsam und bewusst zubereitet und genießt. Das Morgenritual endet mit drei tiefen Atemzügen und einer kurzen Affirmation, die sie einige Male wiederholt: »Ich stelle mich den Herausforderungen in meinem Leben voller Energie.«

Jetzt kann der Tag beginnen. Obwohl Laura jobbedingt immer noch relativ spät aufsteht, kann sie ihre erste Arbeitsphase inzwischen schon am Vormittag hinter sich bringen. Sie ist entspannter als früher und ihr Job macht ihr wieder richtig Spaß.

(K)eine Frage der Disziplin

»Ich möchte ja gern früher aufstehen, aber mir fehlt die Disziplin« – kommt dir auch das bekannt vor? Kein Wunder: Disziplin, das klingt nach kaltem Wasser, wenig Spaß und viel Anstrengung. Und doch ist Disziplin besser als ihr Ruf. Glücksforscher haben entdeckt, dass es vor allem die Selbstdisziplin ist, die im Leben über Glück, Zufriedenheit und Erfolg entscheidet.

Disziplin zu haben bedeutet, dass wir unsere Ziele konsequent verfolgen und schlechte Gewohnheiten kontinuierlich durch gute ersetzen. Es geht allerdings nicht darum, die Zähne zusammenzubeißen oder besondere Willenskraft zu entwickeln. Wenn du erkannt hast, dass dir ein Morgenritual dabei hilft, deine Träume zu leben, musst du nur auf zwei Dinge achten:

1. Mach dir bewusst, dass du nur aus einem Grund früher aufstehen wirst – nicht um jemandem einen Gefallen zu tun, sondern einzig und allein, um gut für dich selbst zu sorgen.
2. Geh es langsam an: Mit kleinen Schritten kommt man am schnellsten voran. Schon ein paar Minuten früher aufzustehen reicht, um den Tag achtsam und entspannt zu beginnen.

Was du über Morgenrituale wissen solltest

Sobald du beginnst, eine Morgenroutine in deinen Alltag einzubauen, schaffst du eine positive Gewohnheit, die dein Leben verändern wird. Gewohnheiten sind unglaublich mächtig: So wie eine schlechte Gewohnheit (etwa das Rauchen) deiner Gesundheit schadet und dich sogar umbringen kann, sind gute Gewohnheiten ein wichtiger Schlüssel zu körperlicher und seelischer Gesundheit.

Gewohnheiten sind Verhaltensweisen, über die wir nicht mehr nachdenken müssen, da sie uns in Fleisch und Blut übergegangen sind. Auch wenn sie tief im Unterbewusstsein einprogrammiert sind, können wir sie jederzeit umprogrammieren – es gibt genug Beispiele von Menschen, die schlechte durch gute Gewohnheiten ersetzt haben.

Wenn du eine neue Gewohnheit, etwa ein kleines Morgenritual, annehmen willst, sind zwei Dinge wichtig: Erstens musst du es wirklich wollen und dich bewusst dafür entscheiden. Und zweitens brauchst du anfangs etwas Geduld, um den neuen Handlungsablauf mehrere Tage lang zu wiederholen, bis er sitzt.

Von der Gewohnheit zum Ritual

Gewohnheiten oder Routinen sind nichts Außergewöhnliches. Jeder von uns hat schon längst eine Morgenroutine, der er, wenn auch vielleicht unbewusst, folgt: Die meisten stehen auf, putzen sich die Zähne, schalten das Radio ein, ziehen sich an und kochen Kaffee. Der eine holt vielleicht noch Brötchen vom Bäcker, die andere geht mit ihrem Hund Gassi.

Es gibt wichtige Unterschiede zwischen solchen Alltagsgewohnheiten und Ritualen. Rituale folgen ebenso wie Gewohnheiten festen Abläufen, doch sie werden feierlich – oder sagen wir lieber: achtsam und bewusst – durchgeführt. Beide schenken uns Sicherheit, denn eine vertraute Abfolge hat den Vorteil, dass wir uns nicht jedes Mal entscheiden müssen, was wir als Nächstes machen. So sparen wir Energie für Wichtigeres.

Ein Morgenritual

- bietet dir die Möglichkeit, dir schon morgens Zeit für dich selbst zu nehmen.
- hilft dir dabei, schlechte Alltagsgewohnheiten zu durchbrechen: Statt ferngesteuert wie ein Roboter zu funktionieren, übernimmst du selbst die Regie.
- ermöglicht es dir, bewusst zu handeln und dabei deine Achtsamkeit auszubauen.

Warum eigentlich morgens?

Dass ein Morgenritual morgens durchgeführt wird, ist ja klar. Aber warum eigentlich morgens? Warum extra früh aufstehen, wenn es so schön gemütlich wäre, noch ein paar Minuten im Bett liegenzubleiben? Könnten wir nicht auch den Feierabend nutzen, um uns etwas Gutes zu tun? Klar! Und das sollten wir auch. Dennoch ist ein Morgenritual durch nichts zu ersetzen. Und zwar aus diesen Gründen:

- Abends liegt die Last des Tages oft schwer auf deinen Schultern. Manchmal gibt es dann nur noch eins, wozu du Lust hast: dich aufs Sofa fallen zu lassen, dir ein Glas Wein einzuschenken und zur Fernbedienung zu greifen. Das geht wohl den meisten von uns so. Um neue Kräfte zu schöpfen oder der Verwirklichung deiner Ziele näherzukommen, taugt diese »Methode« aber nicht.
- Am Morgen nach dem Aufstehen ist dein Energiereservoir noch gut gefüllt. Deine Willenskraft wird durch Erschöpfung gelähmt und je länger der Tag dauert, desto erschöpfter und willenloser wirst du normalerweise sein. Daher ist der Morgen die beste Zeit, um neue Ziele ins Auge zu fassen und positive Veränderungen in Gang zu setzen.
- Mit dem ersten Schritt aus dem Bett stellst du die Weichen für den ganzen Tag. Jetzt entscheidet sich,

ob du dich heute von Stress und Hektik beherrschen lassen wirst oder ob du ihnen etwas entgegensetzt und dein inneres Gleichgewicht bewahrst.

- Jeder Morgen ist wie ein unbeschriebenes Blatt. An jedem Tag beginnt dein Leben von Neuem. Jeder neue Morgen bietet dir die Möglichkeit, Altes, Belastendes loszulassen und dich auf Neues zu fokussieren.

Nicht zuletzt hat ein Morgenritual noch einen großen Vorteil: Es befreit dich von der Lähmung, die dem morgendlichen Grübeln unweigerlich folgt. Statt dich schon beim Aufwachen in vermeintliche Probleme des Tages zu vertiefen, schwarzzumalen und daran zu denken, was du alles erledigen musst und nicht schaffen wirst, gibt dir ein Morgenritual einen guten Grund aufzustehen, ohne lange zu grübeln.
Es muss etwas geben, wofür es sich aufzustehen lohnt. Und was könnte schöner sein, als achtsam zu sein, sich lebendig zu fühlen, seinen Geist von Sorgen zu befreien und seinen Zielen Tag für Tag näherzukommen?

Die Magie von Morgenritualen

Meist sind es zwei Gründe, die den Ausschlag dafür geben, dass du anfängst, dich für Morgenrituale zu interessieren: Entweder haben eine gute Freundin, ein Bekannter oder ein Fernseh- oder Youtube-Beitrag dein Interesse für das Thema geweckt oder aber du spürst tief in deinem Inneren, dass es Zeit für dich wird, etwas Neues auszuprobieren und neuen Schwung in deinen Alltag zu bringen.

Wer damit beginnt, achtsam und fokussiert in den Tag zu starten, wird schon bald viele positive Wirkungen bemerken. Einige davon sind geradezu magisch. Kein Wunder: Die Art und Weise, wie du die erste Phase deines Tages verbringst, wirkt sich auf deine Stimmung, deine Energie und letztlich auf alle Bereiche deines Lebens aus.

Durch die Gewohnheit, etwas früher als sonst aufzustehen und ein paar Dinge für dich zu tun, die im Alltag leider immer zu kurz kommen, erfährst du außerdem, was Selbstwirksamkeit ist, und du lernst, kraftvolle Entscheidungen zu treffen.

In einer immer verrückter werdenden Welt wird eine einfache Morgenroutine zu einem wichtigen Ruhepol für dich werden. Du kannst diese Zeit am Morgen für dich nutzen, um einmal herauszufinden, wohin deine Lebensreise wirklich führen sollte. Darüber hinaus gibt es aber noch eine ganze Reihe anderer heilsamer Wirkungen:

Durch ein Morgenritual

- reduzierst du Stress und wirst gelassener,
- entwickelst du deine Fähigkeit, auch Krisen oder schwere Zeiten gut zu überstehen,
- schützt du deine Gesundheit,
- verbessert sich deine Stimmung,
- entwickelst du deine Selbstdisziplin,
- lernst du, deine Ziele klarer zu erkennen,
- lernst du außerdem, den Weg zu deinen Zielen klarer zu fokussieren, wodurch du erfolgreicher wirst,
- schützt du deinen Geist vor Zerstreuung und davor, sich durch jede Ablenkung aus der Bahn werfen zu lassen,
- lernst du, das Wesentliche vom Unwesentlichen zu unterscheiden.

Im Praxisteil findest du Vorschläge, wie du ein Morgenritual individuell so gestalten kannst, dass es zu dir passt. Je nachdem, wie deine Ziele für dein Leben – oder sagen wir lieber: für deine momentane Lebensphase – aussehen, solltest du nämlich unterschiedliche Schwerpunkte setzen.

Auch wenn sich jede Art von Morgenroutine – sofern du sie bewusst und achtsam durchführst – positiv auf sämtliche Bereiche deines Lebens auswirken wird, ist es natürlich doch ein Unterschied, ob du vor allem etwas für deine Gesundheit tun, mehr Erfolg im Leben haben oder innere Ruhe entwickeln und entspannter werden willst. Jeder Mensch hat eben andere Bedürfnisse.

Unter den Morgenritualen im Praxisteil findest du unter anderem vier »Programme« mit verschiedenen Schwerpunkten, die für die meisten von uns besonders wichtig sein dürften:

- Gesundheit und Fitness
- Innere Ruhe und Gelassenheit
- Erfolg und Produktivität
- Selbstmitgefühl und Verbundenheit

Erfolgreiche Morgen(ritual)menschen

Die Liste berühmter Frühaufsteher ist lang. Ob Leonardo da Vinci, Charles Darwin, Albert Einstein oder Thomas Mann – sie alle folgten einer festen Morgenroutine. Ebenso waren Mozart und Beethoven Frühaufsteher. Mozart nutzte die frühen Morgenstunden für seine Kompositionen, während Beethoven allmorgendlich in aller Ruhe sechzig Kaffeebohnen für seinen Morgenkaffee abzählte. Auch von Aristoteles, Benjamin Franklin oder Gustav Mahler wissen wird, dass sie nach dem Motto »Morgenstund' hat Gold im Mund« lebten.

Einige der Frühaufsteher sind oder waren ausgesprochene Kurzschläfer. Margaret Thatcher, die »Eiserne Lady«, soll nach nur vier Stunden Schlaf um fünf Uhr aufgestanden sein. Auch Michelle und Barack Obama beginnen ihren Tag in aller Herrgottsfrüh. In einem TV-Interview erzählte die ehemalige First Lady der USA, dass ihr Tag schon um 4:30 Uhr mit einem intensiven Workout beginnt.

Apple-Chef Tim Cook würde da wohl noch von »ausschlafen« sprechen – er steht um 3:45 Uhr auf, um seine Mails zu beantworten, bevor es ins Fitnessstudio und danach zu Starbucks geht.

Die Morgenrituale einiger Berühmtheiten muten recht seltsam an: So hat Winston Churchill, dessen Tag »erst« gegen halb acht begann, zunächst einmal seine Zigarre geraucht und sich ein Glas Whiskey eingeschenkt, bevor er dann noch etliche Stunden im Bett liegen blieb, um seiner Sekretärin Briefe und Reden zu diktieren und sich in die Zeitung zu vertiefen.

Wie du siehst, gibt es sehr viele Möglichkeiten, seine Morgenstunde (oder auch nur morgendliche Viertelstunde) zu gestalten. Bestimmt wird es dir besser tun, diese Zeit mit Meditation, Sport oder Lesen zu verbringen, als Alkohol und Zigaretten zu konsumieren. »Früh« ist allerdings relativ. Niemand muss um vier Uhr aufstehen, sofern er nicht Bäcker, Premierminister oder Konzernchef ist. Wenn du es beispielsweise gewohnt bist, jeden Tag bis zehn Uhr zu schlafen – vielleicht weil dein Job dich bis lange in die Nacht fordert – ist auch halb zehn eine wunderbare Zeit, um etwas früher aufzustehen und dich einem Morgenritual zu widmen.

Bewährte Methoden für einen guten Start

Jeder von uns hat seine ganz eigene Art, den Tag zu beginnen. Die Morgenroutine der meisten Menschen läuft allerdings eher unbewusst ab – wir folgen unserer Routine und handeln, wie wir es eben gewohnt sind, ohne groß darüber nachzudenken.

Manche bleiben so lange liegen, bis es »brennt«, und hetzen dann hektisch ins Bad und zur Kaffeemaschine. Andere schlurfen schlaff und energielos ins Badezimmer, wo sie erst einmal eine halbe Stunde verbringen, bevor sie die Augen einigermaßen aufkriegen. Viele von uns greifen, kaum dass der Wecker geklingelt hat, zum Smartphone, checken ihre Mails und zünden sich dazu vielleicht noch eine Zigarette an.

Mit einem Morgenritual hat das Ganze natürlich nichts zu tun. Rituale erfordern vor allem Klarheit und Achtsamkeit. Und natürlich muss die Motivation stimmen und wir müssen auch wirklich bereit sein, unseren Morgen aktiv zu gestalten.

Was tut man eigentlich bei einem Morgenritual?

An sich kannst du natürlich machen, was du willst, um deinen Morgen zu gestalten. Wichtig ist nur, dass du wirklich einmal was nur für dich tust – etwas, das dir guttut und dir Kraft schenkt. Wenn du ein richtiges Morgenritual durchführen möchtest, ist es hilfreich, dabei zu einigen klassischen »Zutaten« zu greifen.

Es gibt gut erprobte und bewährte Methoden, die uns gelassener und glücklicher machen und durch die wir unsere Gesundheit schützen können. Die Wirksamkeit dieser Methoden konnte in vielen wissenschaftlichen Studien bestätigt werden. Das ist zwar interessant und wohl auch motivierend – aber im Grunde deines Herzens weißt du natürlich auch so, dass es dir wesentlich besser tut (oder täte), dich zu bewegen, dich zu entspannen oder einen starken Fokus zu entwickeln, als auf dem Sofa fernzusehen oder schon morgens Probleme zu wälzen.

Im Folgenden wollen wir dir kurz die wichtigsten Bestandteile vieler Morgenrituale beschreiben, damit du sie leicht in die Praxis umsetzen kannst. Zunächst aber …

Die Methoden des Morgenrituals auf einen Blick

- Meditiere und lass los.
- Programmiere dein Unterbewusstsein auf Erfolg; nutze dazu die Kraft der Worte und der Bilder.
- Schreib dir deine Sorgen von der Seele oder bring deine Träume aufs Papier.
- Lies Bücher, die dich motivieren oder dir neue Erkenntnisse vermitteln.
- Beweg dich und bring Schwung in deinen Körper.
- Frühstücke achtsam.

Meditation – Rückkehr zur Quelle deiner Kraft

Der Sinn eines Morgenrituals besteht vor allem darin, dich positiv auf den Tag einzustimmen. Wenn du dafür nur sehr wenig Zeit hast und nicht recht weißt, wie du den Morgen nutzen sollst, um entspannter, leichter und zugleich energiegeladener in den Alltag zu starten, dann haben wir einen einfachen Tipp für dich: Meditiere!

Auch wenn es nur fünf Minuten sind – du wirst bald merken, wie sehr du dein Lebensgefühl durch eine so einfache Methode verbessern kannst. Meditation ist der effektivste Weg, um Achtsamkeit, Gelassenheit und innere Klarheit zu entwickeln und zudem noch deine Gesundheit zu schützen. Obwohl Yogis das schon vor Jahrtausenden entdeckt haben, gilt es heute noch genauso – vielleicht sogar mehr als je zuvor.

Wenn du das Wort »Meditation« hörst, denkst du vielleicht erst einmal an kahlköpfige Buddhisten, die stundenlang im Lotossitz verharren. Tatsächlich brauchst du aber weder einen Friseur noch einen auf Knie spezialisierten Krankengymnasten, um zu meditieren.

Meditation ist nichts Exotisches oder Esoterisches. Ob Jung oder Alt, Mann oder Frau, Mutter oder Vater, Krankenschwester, Lehrer, Manager oder Künstler – immer mehr Menschen meditieren, weil sie entdeckt haben, wie gut Stille und Gelassenheit in einer hektischen Welt wie der heutigen tun.

Die kürzeste Form des Morgenrituals:
Meditiere einige Minuten und folge ansonsten
einfach deiner normalen Morgenroutine.
Meditation hilft dir dabei, etwas sehr Wichtiges
wiederzufinden, das du vielleicht schon vor
viel zu langer Zeit verloren hast: dich selbst.

Wissenschaftler haben die positiven Wirkungen der Meditation bestätigt. Doch auch so gibt es viele gute Gründe, warum das Meditieren oft nicht nur Bestandteil, sondern die Basis vieler Morgenrituale ist.

Falls du die Fragen auf der nächsten Seite überwiegend mit Ja beantwortest, möchten wir dir ans Herz legen, es unbedingt mal mit der Meditation zu probieren. Die Zeit nach dem Aufstehen eignet sich dafür ideal.

HÖCHSTE ZEIT ZU MEDITIEREN?

Dieser kleine Test ist sehr einfach: Je mehr Fragen du mit Ja beantwortest, desto schneller solltest du dir ein Meditationskissen besorgen (ein normaler Stuhl tut's allerdings auch).

1. Sehnst du dich nach mehr Ruhe und Leichtigkeit in deinem Leben?

2. Fühlst du dich oft abgehetzt oder gereizt? Findest du deinen Alltag manchmal ganz schön stressig?

3. Vermisst du etwas in deinem Leben, ohne sagen zu können, was?

4. Suchst du nach einem neuen Blickwinkel, der es dir ermöglicht, weniger an dir zu zweifeln und deine Ziele entschlossen zu verfolgen?

5. Fühlst du dich nur selten wirklich wohl in deiner Haut? Wirst du leicht krank?

6. Leidest du darunter, alles perfekt machen und fremden Ansprüchen gerecht werden zu wollen?

7. Glaubst du, dass du so, wie du bist, nicht okay bist – dass du irgendwie »besser« sein müsstest?

8. Hast du manchmal das Gefühl, dass Ängste, Sorgen, Selbstzweifel und Pessimismus in deinem Kopf herumtoben wie eine wilde Affenhorde?

Die Affen im Kopf schlafen lassen

Wenn du anfängst zu meditieren, wirst du schnell merken, dass dein Kopf nicht gerade ein Ort der Ruhe und des Friedens ist. Nicht umsonst sprechen Buddhisten von »monkey mind«: Sie vergleichen die Gedanken, die uns ständig durch den Kopf jagen, mit einer Bande verrückt gewordener Affen. Und wie du dir denken kannst, erzeugen diese Affen eine Menge Stress.

Zu den erfreulichen Wirkungen der Meditation gehört, dass sich die vielen, oft belastenden Gedanken in deinem Kopf nach und nach beruhigen, oder besser gesagt, auflösen. Das geht nicht von heute auf morgen, aber doch erstaunlich schnell. Klarheit und innere Ruhe sind zwar nicht die einzigen, aber doch sehr wichtige Ziele der Meditation. Eine klassische Definition von Meditation lieferte Patanjali, ein Gelehrter aus dem alten Indien:

»Meditation heißt,
die Bewegungen unseres Geistes
zur Ruhe kommen zu lassen.«

Wie aber macht man das? Wie kannst du deine Gefühle und Gedanken während deines Morgenrituals zur Ruhe kommen lassen? Mit anderen Worten: Wie meditiert man eigentlich?

WORAUF DU ACHTEN SOLLTEST

Im Praxisteil findest du verschiedene Vorschläge für Morgenrituale und in einigen davon wirst du kurze Meditationsanleitungen finden. Um unnötige Wiederholungen zu vermeiden, wollen wir dich hier aber schon mal mit ein paar Punkten vertraut machen, die dir das Meditieren erleichtern:

- Meditation ist nichts Besonderes oder gar Heiliges. Du setzt dich einfach ruhig hin, schließt die Augen, beobachtest deinen Atem oder konzentrierst dich auf dein Meditationsobjekt – fertig. Je einfacher du es hältst, desto besser.

- Die Haltung spielt eine große Rolle. Wichtig ist, dass du stabil sitzt und zugleich entspannt bleibst. Der Rücken ist gerade, Schultern und Gesicht bleiben entspannt. Deine Haltung sollte es dir ermöglichen, frei zu atmen, und Würde und Ruhe ausstrahlen.

- Ob du lieber im Schneider- oder Lotossitz oder auf den Fersen sitzt, ob du ein Meditationskissen- oder -bänkchen oder auch nur einen einfachen Stuhl benutzt, ist letztlich egal. Vermeide es lediglich, dich anzulehnen.

- Lass die Meditation zu einer festen Gewohnheit werden. Bau möglichst täglich eine kleine Meditation in dein Morgenritual ein. Wähle dafür einen Platz, an dem du ungestört bist.

- Du kannst die Hände wie eine Schale in den Schoß legen, wobei die eine Hand in der anderen liegt. Oder du legst deine Hände einfach locker auf die Oberschenkel.

- Egal ob du fünf oder fünfundvierzig Minuten meditierst: Entscheide dich vorher, wie lange du sitzen willst, und stell den Timer im (offline gestellten) Handy entsprechend ein. Bleib möglichst so lange vollkommen ruhig sitzen, bis die Zeit um ist.

- Sobald du dich hingesetzt hast, kannst du einige Male tief durchatmen – das hilft, Anspannungen loszulassen. Während der Meditation solltest du sanft in deinem Rhythmus durch die Nase atmen.

- Meditation muss nicht immer im Sitzen stattfinden, es gibt auch aktive Meditationen. Vor allem Atemübungen aus dem Yoga, so genannte Pranayamas, kann man gut als kleine Meditation in sein Morgenritual einbauen.

Das Unterbewusstsein programmieren

»Programmieren« ist ja vielleicht nicht gerade das, was dir vorschwebt, wenn du morgens auf die Füße kommst, um den Tag zu beginnen. Doch was hier recht technisch klingt, ist in der Praxis sehr einfach und macht sogar richtig Spaß. Letztlich geht es nämlich darum, dass du lernst, deinen Geist zu nutzen, um deine eigene Zukunft aktiv zu erschaffen. Morgenrituale bieten eine gute Gelegenheit, um ein paar »Softwarefehler« in deinem Unterbewusstsein auszumerzen.

»Träume nicht dein Leben, sondern lebe deinen Traum«, schrieb Tommaso Campanella, ein italienischer Philosoph. Für alle, die nicht so leicht in die Gänge kommen, ist das ein sehr weises Zitat. Genau genommen schließt das eine das andere aber gar nicht aus. Wenn du dir das Leben, dass du dir wünschst, nämlich erst einmal konkret erträumst, dann wird es anschließend viel leichter sein, deinen Traum auch zu leben. Wie nämlich könnten deine Träume wahr werden, wenn du keine hättest?

Gedanken sind Energie

Auf dem Weg zu deinen Zielen kann dir dein Unterbewusstsein leider viele Steine in den Weg legen. Alle negativen Erfahrungen, frühere Verletzungen oder hemmende Einflüsse, denen du vielleicht schon als Kind ausgesetzt warst, sind Gift für deinen Geist. Sie bestimmen deine Glaubenssätze und unterwandern dein Selbstwertgefühl. Sie beeinflussen dein Handeln und deine Ausstrahlung negativ und sie legen sich wie dunkle Wolken auf deine Stimmung.

Indem du dein Unterbewusstsein von Ballast befreist, kannst du schneller positive Veränderungen bewirken als durch Willenskraft und zusammengebissene Zähne. Dazu musst du nur lernen, die Macht deiner Gedanken gezielt, aber auf sanfte Weise einzusetzen. Die beiden einfachsten Möglichkeiten dazu bestehen darin, innere Worte und/oder innere Bilder zu nutzen: Affirmationen und Visualisierungen. Sie helfen dir dabei, dein Denken klar zu fokussieren. Dabei reichen meist wenige Minuten, um dich schon morgens auf den richtigen Kurs zu bringen.

Affirmationen – Die Macht der Worte

Worte haben große Macht. Allein durch Worte kannst du andere trösten oder verletzen, Verbundenheit oder Trennung schaffen, dich selbst aufbauen oder niedermachen.

Den Großteil des Tages verbringen wir mit Denken, und das oft in Form von inneren Monologen. Was du dir innerlich sagst, wirkt. Daher solltest du deine Gedanken nicht dem Zufall überlassen. Negative Glaubenssätze, wie »Ich bin nicht liebenswert« oder »Das schaffe ich nie« haben schon so manch einen ins Unglück getrieben.

Indem du Affirmationen in dein Morgenritual einbaust, flutest du deinen Geist mit positiver Energie, die dich den ganzen Tag über nähren wird. Affirmationen sind selbstbejahende Sätze, die wir uns selbst wieder und wieder sagen, um unser Denken »umzuprogrammieren«.

Vielleicht kennst du den berühmten Satz der Autosuggestion: »Von Tag zu Tag geht es mir in jeder Hinsicht immer besser und besser.« Das ist quasi eine »Allround-Affirmation«, die du immer nutzen kannst, ganz gleich, welche Ziele du verfolgst. Aber natürlich gibt es noch viele andere Möglichkeiten …

WORAUF DU ACHTEN SOLLTEST

- Deine Affirmationen müssen zu deinen Zielen passen – überlege gut, was du bewirken willst.
- Die Sätze, die du innerlich wiederholst (oder flüsterst), sollten kurz und einprägsam sein – zum Beispiel: »Von Augenblick zu Augenblick werde ich immer ruhiger und entspannter«, »Vertrauen und Energie erfüllen meinen Körper und meinen Geist« oder »Ich darf loslassen und das Leben genießen«.
- Affirmationen leben von häufiger Wiederholung. Du solltest jede Formel mindestens zehnmal wiederholen – besser öfter. Erwarte anfangs nicht zu viel. Es dauert manchmal eine Weile, bis die Wirkungen spürbar werden.
- Formuliere deine Sätze in der Gegenwart – also nicht »Ich werde …« sondern »Ich bin …« oder »Ich fühle mich …«
- Das »Wie« ist entscheidend: Schließe die Augen, wiederhole die Sätze innerlich langsam und sanft, zieh die Vokale lang (»Ich bin gaaanz ruuuhig«), bleib entspannt und lächle. Versuch das, was du in Worte fasst, auch im Herzen zu spüren.

Visualisierung – Durch innere Bilder Träume realisieren

Statt Worten kannst du auch innere Bilder nutzen, um dein Unterbewusstsein auf Glück und Erfolg zu programmieren. Vor allem die »Zwischenwelten« vor dem Einschlafen oder direkt nach dem Aufstehen eignen sich gut für die Visualisierung.

Innerhalb eines Morgenrituals dringen die Bilder deiner Fantasie besonders tief in dein Bewusstsein. Außerdem bietet ein Morgenritual den optimalen Rahmen für mentale Übungen wie Affirmationen oder Visualisierungen: einen ruhigen Platz in deiner Wohnung, den du schön gestalten kannst und an dem du ungestört bist.

Bilder wirken bei vielen Menschen noch stärker als Worte. Vielleicht ist das der Grund dafür, dass viele Athleten, Künstler oder auch CEOs das Visualisieren regelmäßig nutzen, um Erträumtes Wirklichkeit werden zu lassen. Doch das kannst du auch. Jedes Mal, wenn du mit inneren Bildern arbeitest, entwickelst du deine Fantasie. Darum wird dir das Visualisieren auch umso leichter fallen, je öfter du es anwendest.

- Mach es dir bequem und schließ die Augen. Während des morgendlichen Rituals solltest du dich jedoch nicht noch einmal hinlegen, sondern einen gemütlichen Sessel wählen und im Sitzen üben.

- Je klarer und genauer du dir vorstellst, was du erreichen möchtest, desto besser. Denk gut über deine Wünsche nach und füge deinen inneren Bildern immer mehr Farben und Details hinzu.

- Stell dir die Situation, in der du erfolgreich und glücklich bist, genau vor. Wie sieht das Haus aus, in dem du leben wirst? Auf welcher Bühne wirst du stehen, was wirst du anhaben, welche Menschen sind bei dir und was sagen sie …? Versuch dir aber auch vorzustellen, wie du dich am Ziel deiner Träume fühlst, denn Gefühle sind bei mentalen Techniken sehr wichtig.

- Entspann dich. Streng dich nicht an, lass den Atem frei strömen und genieße es, ganz in deine inneren Bilder einzutauchen. Visualisierungen sind keine Frage der Willenskraft, sondern sie gelingen allein durch Geduld und häufige Wiederholung.

Sich ins Leben schreiben

Bei Morgenritualen geht es im Grunde immer darum, mehr zu sich selbst zu finden, das Wesentliche in seinem Leben zu entdecken und nicht zuletzt auch den Grundstein für eine erfüllte, glückliche Zukunft zu legen.

Worte auf Papier (oder am Computer) zu formulieren, hilft dir beim Planen, Träumen und Denken und ermöglicht es dir, dich selbst immer besser kennenzulernen.

Früher gehörte es für viele Menschen zur täglichen Routine, Tagebuch zu führen: Nicht nur berühmte Künstler, Wissenschaftler und Politiker, sondern auch ganz normale Leute hielten ihre Erlebnisse und Gedanken regelmäßig in Worten fest.

Die etwas zeitgemäßere Form des Tagebuchs ist das »Bullet Journal«, das derzeit sehr beliebt ist und sogar Jugendliche dazu anregt, wieder einmal zum Stift zu greifen. Welche Art von Tagebuch du führst, ist aber gar nicht so wichtig. Wichtig ist nur, dass du überhaupt anfängst, dir regelmäßig etwas Zeit zum Schreiben und somit Zeit für das, was in dir vorgeht, zu nehmen.

Klarheit, Offenheit und Selbsterkenntnis

Ob Tagebuch, Notizblock oder Bullet Journal – deine Erfahrungen und Eindrücke aufzuschreiben, wird dein Leben verändern und dich auf neue Gedanken bringen. Achtsames Schreiben hat große Vorteile:

- Tausende Gedanken gehen uns täglich durch den Kopf und die meisten davon sind recht chaotisch. Um deine Gedanken aber aufschreiben zu können, musst du sie erst einmal klären und ordnen – so förderst du deine Konzentration und fängst an, klarer zu denken und klarer zu sehen.
- Wenn du darauf achtest, dass niemand außer dir dein Tagebuch in die Hände kriegt (und das solltest du unbedingt!), kannst du auch Gedanken niederschreiben, die du nie aussprechen würdest. Durch radikale Offenheit lernst du dich selbst immer besser kennen und entdeckst wahrscheinlich Seiten an dir, die dich staunen lassen.
- Papier ist geduldig. Computerdateien auch. Alles, was du heute notierst, kannst du später – in einer Woche, einem Jahr oder fünf Jahren – wieder lesen. So erkennst du, wie du dich entwickelst, und kannst den Kurs korrigieren, wenn es in die falsche Richtung geht.

Kreativ und achtsam schreiben

Bevor du im Morgenritual einen Stift in die Hand nimmst, solltest du dich fragen, worauf es dir beim Schreiben wirklich ankommt. Was für ein Tagebuch willst du führen?

Du kannst beispielsweise jeden Morgen in nur einer Minute drei Dinge notieren, für die du dankbar bist. Dankbarkeitstagebücher machen dich achtsamer und glücklicher und helfen dir, dein Leben mehr wertzuschätzen. In der gleichen Zeit kannst du aber auch eine To-do-Liste für den heutigen Tag schreiben und so deinen Geist entlasten, denn was erst einmal auf dem Papier steht, muss nicht mehr durch deinen Kopf kreisen.

Für ein klassisches Tagebuch brauchst du natürlich mehr Zeit. Dabei solltest du jedoch unbedingt einen Schwerpunkt setzen. Willst du deine Ziele, Pläne und Träume in Worte fassen? Oder ist es dir wichtiger, deine Erfahrungen und Gefühle festzuhalten? Es gibt hier viele Möglichkeiten – doch ob Ernährungs-, Trainings-, Meditations- oder Traumtagebuch: Das Wichtigste ist, dass du achtsam schreibst und dich traust, kreativ zu sein.

WORAUF DU ACHTEN SOLLTEST

- Ist ein Tagebuch nicht eher etwas, was man abends schreibt? Klar – kann man machen. Allerdings sind wir abends oft müde und haben keine Lust mehr, nach einem langen Tag noch zum Stift zu greifen. Außerdem hilft etwas Abstand, Erfahrungen besser einzuordnen – schlaf erst mal drüber. Am nächsten Morgen kannst du dann noch einmal zurückblicken und dir Notizen machen.

- Vor allem wenn du viel Zeit am Computer verbringst, solltest du deine Gedanken lieber auf Papier schreiben. Mit einem schönen Block oder Notizbuch und ein paar farbigen Stiften werden dir nämlich ganz andere Dinge einfallen als an der Tastatur. Edles Papier, gute Stifte, die eigene Handschrift – das alles inspiriert dich dazu, deine Gedanken fließen zu lassen. Aber natürlich gibt es auch jede Menge guter Apps, die dir das Tagebuchschreiben erleichtern können.

- Um in den Schreibflow zu kommen, solltest du dir eine feste, nicht zu lange Zeit zum Schreiben vornehmen, denn das beflügelt das Denken. Leg den Stift dann wirklich aus der Hand, sobald die Zeit um ist.

Lesen: Frühstück für den Geist

Wenn du dir nach dem Aufstehen einen Liebesroman oder Krimi schnappst und dich damit wieder ins Bett legst, hat das natürlich nichts mit einem Morgenritual zu tun. Um gut in den Alltag zu starten, brauchst du schon eine andere Art von Lektüre.

Leider ist Lesen aus der Mode gekommen. Wir leben in einer Welt der Bilder – Fernseher, Smartphones und Computer liefern rund um die Uhr Filme, Serien, Videoclips und so weiter. Doch das Lesen bietet dir sehr viel mehr Möglichkeiten, dich weiterzuentwickeln, als fertige Bilder.

Lesen und Bildung hängen eng zusammen. Durch das Lesen hast du Zugang zu unbegrenztem Wissen, du kannst in fremde Gedankenwelten einsteigen und Dinge entdecken, auf die du allein nie kommen würdest. Lesen erweitert den Horizont, und nicht umsonst ist »belesen« ein anderes Wort für »gebildet«.

Lesen tut nicht nur deinem Gehirn, sondern auch deiner Seele gut. Motivierende oder tröstende Worte fliegen vom Papier quasi in dein Unterbewusstsein, schenken dir Ruhe oder inspirieren dich.

WORAUF DU ACHTEN SOLLTEST

- Wenn du an Achtsamkeit, Gelassenheit oder Erfolg interessiert bist, solltest du (zumindest morgens) keine Romane lesen. Überleg dir genau, was du lesen willst. Wähle Themen, die im Moment für dich besonders wichtig sind.

- Lass dich von guten Texten inspirieren. Dazu ist es nicht nötig, lange zu lesen oder komplizierte Schriften zu studieren. Oft reichen ein paar Zeilen.

- Am besten sind Texte, die dich motivieren, dir neue Erkenntnisse liefern, Techniken oder Übungen vermitteln oder dein Wissen erweitern. Bücher zu Glück, Achtsamkeit, Spiritualität, Gesundheit und Erfolg oder auch Gedichte und philosophische Texte sind besonders hilfreich.

- Vermeide es, morgens Zeitung oder Nachrichten zu lesen – sie zerstreuen den Geist und wecken Ängste, was genau das Gegenteil von dem ist, was ein Morgenritual bezweckt.

- Mach dir ein paar Notizen, wenn du interessante Stellen liest. Dazu kannst du dir ein Blatt oder ein dünnes Heft ins Buch legen.

Bewegung!
In Schwung kommen

Schon klar: Sport ist gesund. Dass wir uns viel zu wenig bewegen, wissen wir inzwischen alle – und ebenso wissen wir auch, was uns jeder Arzt bestätigen wird: Bewegung hält uns fit, schützt die Gesundheit, stärkt die Abwehrkräfte und wirkt einer ganzen Reihe von Zivilisationskrankheiten entgegen. Nicht zuletzt hebt Sport auch die Laune. Doch dieses Buch ist kein Fitnessratgeber. Wenn es dir wichtig ist, dich fit zu halten, abzunehmen oder deine Muskulatur zu entwickeln, findest du dazu mehr als genug Bücher oder DVDs.

Es gibt eine Menge erfolgreicher Menschen, die den Tag mit einem Workout oder einer Runde Jogging beginnen. Morgensport hat nachweislich besonders positive Wirkungen, von denen wir den ganzen Tag über profitieren können. Da es in diesem Buch jedoch um Morgenrituale geht, wollen wir uns im Folgenden auf ein paar wesentliche Prinzipien konzentrieren, durch die auch Jogging oder ein Workout zu einem Morgenritual werden können. Das Entscheidende dabei ist, dass die Ausrichtung stimmt.

Im Körper ankommen

Es ist nicht jedermanns Sache, morgens wie ein Eichhörnchen aus dem Bett zu flitzen und bei Wind und Wetter zum Laufen zu gehen. Eins muss man aber zugeben: Das Gefühl danach ist einfach unschlagbar. Im eigenen Körper anzukommen, sich hautnah zu spüren und ganz lebendig zu fühlen, ist ein wunderbarer Zustand und wohl auch der Grund, warum viele morgendliches Training so lieben.

Wenn du dich morgens gern körperlich fordern willst, dann tu das ruhig. Aber bleib achtsam, spüre aufmerksam in deinen Körper hinein und achte auf deine Grenzen.

Morgenrituale bieten dir die Chance, dich in deinem Körper besser zu spüren. Indem du die Achtsamkeit auf deinen Körper lenkst, öffnest du ein Tor, durch das du jederzeit ins Jetzt eintreten kannst. Im Gegensatz zu deinen Gedanken ist dein Körper nämlich immer im Hier und Jetzt. Indem du den Fokus beim Sport oder Yoga auf deinen Körper richtest, werden sich die vielen Probleme, die dein Denken dir vorgaukelt, ganz von selbst auflösen.

Alles Leben ist Bewegung

Keine Lust auf Workout? Oder Jogging? Macht nichts: Um in deinem Körper anzukommen, brauchst du weder Hanteln noch Laufschuhe. Es gibt unendlich viele Möglichkeiten, sich zu bewegen. Ganz egal ob du lieber Yoga oder Taiji machst, zum Nordic Walking oder spazieren gehst, dein Workout absolvierst oder auf dem Mini-Trampolin hüpfst – jede Art von Bewegung ist gut, solange sie nur zu dir und deinen Bedürfnissen passt.

Bewegung ist gerade morgens sehr wohltuend, denn durch Bewegung regst du deinen Kreislauf und nach östlicher Auffassung darüber hinaus auch den Energiefluss im Organismus an. Du kannst morgens nur in Schwung kommen, wenn auch dein Körper in Schwung kommt.

Ein Trost für alle, die sich nicht mit Liegestützen oder Jogging anfreunden können: Aufzustehen, ein paar Schritte durchs Zimmer zu gehen, die Fenster zu öffnen und seine Bettdecke aufzuschütteln – all das ist ebenfalls Bewegung, die dir umso besser tun wird, je achtsamer du sie ausführst.

WORAUF DU ACHTEN SOLLTEST

- Es muss keine Gymnastik sein. Jede Form von Bewegung ist eine Einladung zu mehr Achtsamkeit.
- Trotzdem: Dein Körper freut sich, wenn du ein paar aktivierende Bewegungen durchführst. Beispielsweise kannst du nach dem Aufstehen ein paar Dehn- oder Lockerungsübungen machen oder auch schon im Bett ein kleines Bewegungsprogramm durchführen, indem du mit den Zehen wackelst und dich gründlich durchstreckst.
- Ganz gleich, welche Art von Bewegung dir liegt – achte auf deine Grenzen und beweg dich achtsam und bewusst. An erster Stelle sollte immer das Wohlgefühl stehen – spiel mit deinem Körper, statt gegen ihn anzukämpfen.
- Falls du morgens gern sportlich aktiv werden willst und das bisher noch nie warst, solltest du dir unbedingt Tipps bei einem Trainer, Physiotherapeuten oder – falls du gesundheitliche Probleme oder »kaputte Gelenke« hast – auch bei deiner Ärztin oder deinem Arzt holen, bevor du startest.

Achtsam frühstücken

Was wäre der Morgen ohne ein leckeres Frühstück? Für viele von uns ist das Frühstück sogar so ziemlich der einzig verlockende Grund, morgens überhaupt mal aus den Federn zu kommen.

»Anfang gut, alles gut« – das gilt auf jeden Fall auch für die erste Mahlzeit des Tages, denn sie beeinflusst deine Stimmung besonders stark und schenkt dir die nötige Energie, die du brauchst, um den Tag gut überstehen zu können.

Suchst du nach einer besonders kurzen Form eines Morgenrituals?
Dann steh doch einfach zehn Minuten früher auf und lass dir richtig Zeit, um in Ruhe und achtsam zu frühstücken. Und falls du morgens etwas mehr für dich tun möchtest – beispielsweise meditieren, Yoga üben oder dir ein paar Notizen zu deinen Herzenszielen machen – dann schließe dein Morgenritual trotzdem immer mit einem Frühstück ab. Indem du das Frühstück ans Ende des Rituals setzt, kannst du es als Brücke nutzen, die dich gelassen in den Alltag führt.

Das Was ist nicht so wichtig

Wir verbringen viel Zeit im Kopf und wenig in unserem Körper. Das merkt man auch daran, dass sogar eine so natürliche Sache wie das Essen Gegenstand endloser Diskussionen geworden ist. Statt einfach zu essen, was uns schmeckt, und unser Frühstück zu genießen, lassen wir uns von sogenannten Ernährungsexperten verunsichern, die sich ständig widersprechen.

Ist Low-Carb besser als Low-Fat oder umgekehrt? Sollten wir nur noch Rohkost essen? Kann man gesund bleiben, wenn man nicht vegan oder wenigstens vegetarisch lebt? Ist zuckerfrei, laktosefrei oder glutenfrei die Lösung?

Die Wahrheit ist: Wer keine nachgewiesene Nahrungsmittelunverträglichkeit hat, kann so ziemlich alles essen. Die Ernährungstrends ändern sich ständig.

Vor wenigen Jahren galten Müsli und Vollkorn als das Gelbe vom Ei. Dann kamen die fleischliebenden Steinzeitfans und heute geht die Tendenz in Richtung vegan, wofür es viele gute Gründe gibt. Was du aber letztlich essen willst, was dir bekommt und was dir nicht zuletzt auch schmeckt, ist eine andere Frage.

Vier Tipps fürs Frühstück

Im Gegensatz zu Menschen in armen Ländern neigen wir dazu, uns zu sehr auf die richtige Auswahl unserer Speisen zu konzentrieren. Dabei vergessen wir, dass wir äußerst anpassungsfähig sind. In Notzeiten kann unsere Spezies auch mit sehr wenig und sehr einseitiger Kost überleben.

Da wir aber zum Glück die Wahl haben, können wir auch ein paar einfache Regeln für ein gesundes Frühstück beachten:

1. Iss nicht zu viel. Ein voller Bauch verbraucht viel Energie und macht dich schlapp und lustlos.
2. Wähle Speisen, die leicht verdaulich sind. Fettes Essen, Weißmehl und Süßes schlagen vielen auf den Magen. Allerdings gibt es auch Leute, die mit Vollkornprodukten Probleme bekommen. Spüre selbst, was dir guttut.
3. Etwas Obst, ein Orangensaft oder Smoothie – beim Frühstück sollten ein paar frische Vitamine nicht fehlen.
4. Ob Croissant, Obst oder Müsli – achte darauf, dass dich das, was du isst, anlacht und dir schmeckt. Und werde nicht zu einseitig, denn was heute ideal ist, muss es morgen schon nicht mehr sein.

Die wichtigste Regel: Hauptsache achtsam

Die besten Regeln sind die, die alle anderen überflüssig machen. Wenn es nur eine Regel gibt, auf die es bei einem Morgenritual wirklich ankommt, dann lautet sie:

Nimm dein Frühstück achtsam ein. Nimm dir Zeit, es richtig zu genießen!

Durch achtsames Essen kannst du herausfinden, welche Art von Frühstück zu dir passt. Spüre selbst, was du brauchst. Vergeude deine Zeit nicht damit, dauernd darüber nachzudenken, was du essen solltest, wie es gesund ist und ob du genug Vitamine oder zu viele Kalorien zu dir nimmst! Hör auf deine Intuition und vertraue deinem Bauchgefühl. Kleine Kinder und schwangere Frauen spüren sehr genau, was ihr Körper braucht – aber im Grunde wissen wir das alle. Wir müssen uns nur genug Zeit nehmen, um in uns hineinzuspüren.

1. Du darfst zum Frühstück *alles* essen, solange du es nur achtsam tust.
2. Frage dich: Schmeckt mir das, was ich hier frühstücke? Hab ich wirklich Lust drauf?
3. Beobachte deine Gefühle: Wie wirkt sich das Frühstück auf deine Stimmung aus?

Warum achtsames Essen dein Morgenritual bereichert

Schon durch etwas mehr Achtsamkeit kannst du ein normales Frühstück zu einem wichtigen Teil deines Morgenrituals machen. Und das bekommt dir garantiert besser, als mit dem Smartphone in der Hand eilig einen Kaffee in dich hineinzuschütten, bevor du aus dem Haus hetzt.

Ein achtsam zelebriertes Frühstück hilft dir,

- die Signale deines Körpers wieder besser wahrzunehmen,
- langsamer und bewusster zu essen,
- auch bei kleinen Portionen schneller satt zu werden, sodass du weniger Essen benötigst,
- ganz im jetzigen Augenblick anzukommen und zur Ruhe zu kommen, bevor der Tag mit all seinen Herausforderungen beginnt,
- freier zu werden und (dich) weniger zu beurteilen und zu verurteilen.

»Ist das Frühstück schlecht, dann misslingt der ganze Tag«, sagt man in Indien.

Genieß es!

Es ist nicht so wichtig, ob du morgens lieber ein Schokocroissant, frisches Obst oder ein Frühstücksei isst – viel wichtiger ist, dass du dein Essen richtig genießt. Und für alle, die morgens gar nicht frühstücken, weil sie beispielsweise (intervall-)fasten: Auch eine einfache Tasse Tee kann man achtsam, entspannt und mit viel Genuss trinken.

Jedes achtsame Essen hilft dir dabei, von Fast Food auf Slow Food umzusteigen. Es gibt einiges, wofür du dir in deinem Leben wirklich Zeit nehmen solltest: für deine Freunde und deine Familie, vor allem aber für dich selbst, und das heißt auch für dein Morgenritual und insbesondere für ein leckeres, entspanntes Frühstück.

Das Leben ist nicht deshalb zu kurz, weil es nicht lange genug dauert, sondern deshalb, weil wir uns zu wenig Zeit nehmen, es zu genießen.

Vier gute Gründe, dein Frühstück zu genießen

1. Genießen ist eine Form der Meditation: Du tauchst ganz in den Augenblick ein. Darum ist Genießen nicht nur sehr entspannend – es macht sogar glücklicher.
2. Du kannst dein Frühstück nur genießen, wenn du alle deine Sinne weit öffnest. Wenn du deinen Geschmacks- und Geruchssinn verfeinerst, wird Essen wird zu einem sinnlichen Erlebnis, und mit der Zeit wirst du auch anfangen, dich immer sinnvoller zu ernähren.
3. Genießen lädt dich dazu ein, dir mehr Zeit für dich zu nehmen, dich selbst besser zu spüren, unnötige Regeln über Bord zu werfen und freundlicher mit dir selbst umzugehen.
4. Solange du genießt, bist du ganz im Jetzt, in deinem Körper und im sinnlichen Erleben. In dieser Zeit gibt es keinen Raum für Ängste, Sorgen, Ärger oder Stress.

Und übrigens: Natürlich solltest du nicht nur dein Frühstück, sondern dein ganzes Morgenritual genießen, denn sonst wirst du es wahrscheinlich schnell wieder aufgeben.

WORAUF DU ACHTEN SOLLTEST

Achtsam frühstücken? Hört sich gut an. Aber wie macht man das eigentlich genau? Ganz einfach:

- Nimm dir wirklich genug Zeit, achtsam zu frühstücken. Die Absicht ist das Wichtigste.

- Setz dich hin. Im Stehen oder Gehen sollten wir sowieso nie essen, aber schon gar nicht beim Morgenritual. Sorge dafür, dass der Tisch einladend aussieht. Du kannst zum Beispiel eine Kerze anzünden und schönes Geschirr benutzen.

- Vermeide Ablenkung. Schalt dein Handy aus, leg die Zeitung weg, schalt Radio und Computer aus. Entspann dich und gib dir Zeit, ungestört zu dir zu kommen.

- Richte deinen Fokus auf dein Frühstück. Welche Farben siehst du? Wie riecht dein Essen? Kannst du einzelne Aromen wahrnehmen?

- Nimm nun einen Bissen in den Mund. Spüre die Berührung mit der Zunge und beginne dann erst, langsam zu kauen. Versuch, zumindest die ersten fünf Bissen sehr langsam zu kauen und dein Frühstück intensiv zu schmecken.

CHRISTIANS MORGENRITUAL

Christian hat viel um die Ohren. Er hat drei Kinder und einen verantwortungsvollen Job. Ein bisschen hatte er schon befürchtet, dass er kurz vor einem Burn-out steht, und gezögert, jetzt auch noch »zusätzlich« ein Morgenritual ein seinen Tagesablauf zu integrieren. Inzwischen ist er jedoch wirklich froh, dass er es gemacht hat, und denkt sogar daran, sein Ritual ein wenig zu erweitern, da es ihm tatsächlich mehr Freiraum gibt, anstatt ihm noch mehr aufzubürden.

Christian stellt sich den Wecker auf sechs Uhr. Das hat er zwar früher auch gemacht – aber dann einfach die Schlummertaste gedrückt, um noch ein halbes Stündchen weiter im Bett zu dösen. Danach hat er sich dann in den Tag gequält. Jetzt muss er gleich aus dem Bett, da der Wecker auf dem Fensterbrett steht. Das macht ihm inzwischen nichts mehr aus – im Gegenteil. Es klingelt, er atmet tief durch, steht ohne Zögern auf, stellt den Wecker ab, öffnet die Vorhänge und das Fenster, ganz egal, wie das Wetter ist.

Er streckt sich nach oben, beugt sich zur Seite, nach hinten und nach vorn – achtsam und bewusst, fast wie ein kleines Yogaprogramm – und atmet dabei tief durch.

»Guten Morgen!«, ruft er. »Vielen Dank für diesen wunderbaren neuen Tag!«

Dann macht er ein paar Liegestützen, Situps und Boxschläge in die Luft, bis sein Körper auf Betriebstemperatur ist. Schließlich geht Christian ins Bad, macht seine Morgentoilette, duscht erst warm und dann kalt (was ihn früher starke Überwindung gekostet hat – doch jetzt genießt er bewusst den Energieschub) und trocknet sich ab.

Er schließt sein Morgenritual ab, indem er sich vor dem Spiegel anlächelt, sich ganz aufrecht hinstellt und noch einmal langsam sagt: »Guten Morgen! Vielen Dank für diesen wunderbaren neuen Tag!«

Während Christian sich früher jeden Morgen aus dem Bett quälen musste, ist er heue schon früh bereit für den Tag und voller Energie. Er hat sogar noch Zeit, in Ruhe mit den Kindern zu frühstücken – und seine gute Laune wirkt ansteckend.

Guten-Morgen-Basics

Bevor wir dir Beispiele für verschiedene Morgenrituale vorstellen, möchten wir dir drei wichtige Prinzipien ans Herz legen, die jede gewöhnliche Morgenroutine in ein bewusst gestaltetes Morgenritual verwandeln.

Ob du während deines Morgenrituals lieber Tagebuch schreibst, Yoga machst oder die Zeit im Badezimmer genießt, ist nicht so wichtig. Du weißt im Grunde selbst sehr gut, was du brauchst und wie viel Zeit du dir dafür nehmen willst.

Doch ganz gleich, wie dein Morgenritual aussieht: Auf die folgenden drei Prinzipien solltest du großen Wert legen. Sie entscheiden über die Qualität deines Morgens und deines ganzen Tages:

1. Was immer du morgens tust – tue es achtsam. Fokussiere deinen Geist immer auf die eine Sache, die du gerade machst.
2. Vermeide Stress. Lass dich nicht von der Unruhe anstecken, die vielleicht um dich herum herrscht.
3. Sorge gut für dich selbst. Lass dich nicht von Ehrgeiz oder Perfektionszwang leiten, sondern geh liebevoll mit dir um.

1. Regel: Bleib achtsam

Ein Morgenritual macht nur Sinn, wenn du es entspannt, bewusst und fokussiert durchführst. Sonst kann es dir sehr leicht passieren, dass es zu einem weiteren Punkt auf deiner To-do-Liste wird, der »abgehakt« werden muss – und das wäre wirklich schade.

Selbst wenn du nichts an deiner üblichen Morgenroutine änderst: Allein indem du dich fokussierst und alles, was du tust, auf eine achtsame Weise tust, kannst du den Tag schon gesammelt und gelassen beginnen. Aufstehen, Zähneputzen, Anziehen, Teekochen – sogar ganz gewöhnliche Tätigkeiten werden zu einem Ritual, wenn deine innere Haltung dabei stimmt und du die Dinge achtsam statt mechanisch tust.

Immer dann, wenn du achtsam bist, bist du vollkommen lebendig. Statt den Tag verschlafen und wie ferngesteuert zu beginnen, kannst du dich dem Jetzt wach und bewusst zuwenden. Und das Schöne ist: Du kannst das in jedem Augenblick deines Lebens tun – zum Beispiel jetzt gleich …

Was ist Achtsamkeit überhaupt?

Wenn wir uns im Zusammenhang mit Morgenritualen mit dem Thema Achtsamkeit beschäftigen, sollten wir uns erst mal klar machen, was das überhaupt heißt, achtsam zu sein. Grundsätzlich ist Achtsamkeit die Fähigkeit, jeden Moment unseres Lebens vollkommen wach und präsent zu erleben.

Den Tag achtsam zu beginnen bedeutet, wirklich »anwesend« zu sein. Und das ist gar nicht so selbstverständlich, denn oft sind wir im Alltag ziemlich abwesend.

Kurz gesagt geht es bei der Achtsamkeit darum, immer wieder mal innezuhalten, genau hinzusehen oder hinzuspüren und die Aufmerksamkeit ganz auf den gegenwärtigen Moment zu richten.

Einen Großteil unseres Lebens verbringen wir im Autopilot-Modus und handeln automatisch. Manchmal ist das sehr gut, zum Beispiel wenn wir bei Rot an der Ampel stehenbleiben, ohne nachdenken zu müssen. Im Morgenritual, wo es darum geht, aufzuwachen und dich mit deiner Lebendigkeit zu verbinden, solltest du die Fernsteuerung jedoch unbedingt weglegen.

Achtsamkeit verändert alles

»Achtsam sein« – vielleicht klingt das für dich ein bisschen wie »heilig sein«. Tatsächlich ist Achtsamkeit aber nur eine normale Geistesfunktion, die nichts mit Religion oder Spiritualität zu tun hat oder zumindest nichts damit zu tun haben muss.

Die Wirksamkeit achtsamkeitsbasierter Übungen wurde wissenschaftlich eindeutig belegt. Vor allem in der Medizin, in der Psychotherapie und in der Stressbewältigung leistet Achtsamkeit heute wertvolle Dienste.

Achtsamkeit macht dir bewusst, was dir zuvor nicht bewusst war. Indem du jede Phase deines Morgenrituals achtsam durchführst, wirst du mehr Klarheit für dich gewinnen und ruhiger und gelassener werden. Deine Wahrnehmung verfeinert sich und du entwickelst die Fähigkeit, dich zu konzentrieren, was dir im Alltag vieles leichter machen wird.

So wie der Tag die Dunkelheit der Nacht vertreibt, vertreibt Achtsamkeit die Dunkelheit oder den Nebel in unserem Bewusstsein, indem sie uns aus belastenden Gedanken- und Gefühlsmustern befreit.

WENN DU SCHON MORGENS ACHTSAM BIST …

- … weitet sich dein Blick.
- … verbindest du dich mit deiner Lebendigkeit und Sinnlichkeit.
- … fällt es dir leichter, innere Widerstände aufzugeben. Dann wirst du mehr Lebensfreude empfinden und weniger jammern, hadern und leiden.
- … gehst du liebevoller mit dir selbst um.
- … öffnet sich dein Herz, wodurch du mehr Mitgefühl für die Menschen empfindest, die dir im Laufe des Tages begegnen.
- … erfährst du sehr viel weniger Stress – ob beim Aufstehen, bei der Arbeit, in deinen Beziehungen oder im Umgang mit dir selbst.

Durch Achtsamkeit wird dein Tag sehr viel einfacher. Die Dinge kommen und gehen und du kannst ihnen ihren Lauf lassen – ohne zu kommentieren, zu verurteilen oder zu kämpfen.

Die vier Säulen der Achtsamkeit

Heute ist ja oft von Achtsamkeit die Rede. Aber wie es scheint, wird dieser Begriff meist recht beliebig und verschwommen gebraucht. Achtsamkeit wird gern als Synonym für »Wellness« benutzt und inzwischen sogar in der Werbung eingesetzt, etwa wenn es darum geht, eine Anti-Aging-Creme an die Frau zu bringen. Tatsächlich baut Achtsamkeit jedoch auf klaren Prinzipien auf, die entscheidend sind, damit Achtsamkeit nicht nur draufsteht, sondern auch wirklich drin ist.

Die Methode der Achtsamkeit ruht auf vier Säulen:

1. Absichtlich und gezielt: Jeder von uns kann jederzeit achtsam sein, sofern er nicht unter einer starken Aufmerksamkeitsstörung leidet. Wesentlich ist dabei jedoch, dass wir lernen, unsere Aufmerksamkeit bewusst zu lenken. Achtsamkeit passiert nämlich nicht zufällig. Du setzt deinen Geist dabei wie einen Suchscheinwerfer ein und wählst, worauf du ihn richtest – also beispielsweise auf deinen Körper oder deinen Atem.
2. Konzentration auf das Jetzt: Achtsam zu sein heißt, dass du deine Aufmerksamkeit nicht auf die Zukunft oder vergangene Erfahrungen, sondern ganz auf den jetzigen Moment lenkst. So verbindest du dich mit deinem wirklichen Leben, das ja genau ge-

nommen ohnehin immer nur im Jetzt stattfindet. Mit der Zeit entwickelst du dadurch eine besondere Präsenz und Wachheit.

3. Gesunden Abstand wahren: Statt dich in deinem »Affen-Geist« zu verstricken und gedanklich vom Hundertsten ins Tausendste zu kommen, wirst du zum inneren Beobachter, zum stillen Zeugen deiner Erfahrung, zum entspannten Zuschauer deines eigenen Lebensfilms.
4. Offen und wertfrei: Der wohl schwierigste Teil der Achtsamkeit besteht darin, dass wir uns davon befreien müssen, ständig alles zu bewerten und zu beurteilen. Eine freundliche, wohlwollende Haltung ist sehr wichtig, und zwar am besten gleich schon morgens nach dem Aufstehen.

Jeder von uns kann achtsam und gesammelt sein. Jeder von uns besitzt diesen großen, offenen Geist, der es uns ermöglicht, jeden Augenblick neu zu erfahren. Niemand muss sich der grauen Routine des Alltags ergeben.

Manchmal müssen wir allerdings erst ein wenig graben, um das Geröll von Gewohnheiten und Oberflächlichkeit auf die Seite zu schaffen und unsere Quelle wiederzuentdecken. Dein Morgenritual bietet dir eine wunderbare Gelegenheit, zu »graben« – oder sagen wir lieber: Achtsamkeit zu üben.

How to … Achtsamkeit im Morgenritual

Es ist sehr einfach, achtsam zu sein; schwer ist nur, es auch über längere Zeit zu bleiben. Allzu leicht verlieren wir uns in unseren Gedanken, stecken in Problemen fest, lassen uns im Alltag von alten Gewohnheiten steuern und werden so sehr von äußeren Anforderungen in Anspruch genommen, dass wir schlicht nicht daran denken, achtsam zu sein.

Das ist nicht schlimm – es ist bei jedem so. Darum sollte dir aber klar sein, dass es nur mit Übung gelingt, bei deinem Morgenritual achtsam zu bleiben, vom Aufstehen bis zu dem Moment, wo du aus dem Haus gehst.

Das Wichtigste ist, dass du dir gezielt einige Phasen deines Morgenrituals heraussuchst, um Achtsamkeit zu üben – beispielsweise unter der Dusche oder während du dein morgendliches Workout machst (oder spätestens beim Kaffeetrinken).

Achtsam zu sein bedeutet dann, dass du dir dabei mehr Zeit als sonst nimmst, um dich zu spüren oder genauer hinzusehen – auf das, was du tust, wie du dich fühlst oder auf die Welt um dich herum.

Auf deinen Fokus kommt es an

»Energy flows where the attention goes«: Deine Aufmerksamkeit entscheidet darüber, wohin deine Energie fließt und wo dein Leben wirklich stattfindest. Lenkst du deine Aufmerksamkeit auf die Gedanken an den Stress, der dir heute noch bevorsteht, wirst du dich garantiert anders fühlen, als wenn du sie auf die Tasse Tee in deiner Hand lenkst – auf die Wärme der Tasse, den Duft und die Farbe des Tees, den du gerade trinkst.

Wenn du Achtsamkeit als Weg nutzen willst, um Belastendes loszulassen, dich unbeschwerter zu fühlen, schlechte Gewohnheiten loszuwerden oder deine wahren Ziele zu entdecken, ist eine Frage entscheidend:

Worauf willst du deinen Fokus richten?

Schon nach dem Aufwachen kannst du deinen Fokus bewusst wählen und die Richtung bestimmen, in die deine Reise heute gehen wird. Du kannst deine Achtsamkeit gut dadurch trainieren, dass du deinen Fokus abwechselnd auf verschiedene Aspekte deiner Erfahrung lenkst.

Fokus auf dem SPÜREN

»Ich stehe aus dem Bett auf. Meine Füße berühren den Wollteppich. Wie fühlt sich diese Berührung an? Sind die Füße kalt oder warm? Ich gehe zum Fenster – einen Schritt nach dem anderen, langsam und bewusst. Ich öffne die Vorhänge und fühle den weichen Stoff. Ich öffne das Fenster. Ein kühler Luftzug – ich spüre die kalte Luft im Gesicht …«

Fokus auf dem SEHEN

»Ich wache auf und öffne die Augen: Was sehe ich? Ich stehe auf und schau aus dem Fenster in den Himmel. Wie ist das Wetter? Ist der Himmel blau oder grau? Ist die Luft klar oder diesig? Sind Wolken am Himmel? Und was sehe ich, wenn ich auf die Straße hinunterblicke? …«

Fokus auf dem HÖREN

»Ich bin aufgestanden. Ich gehe ins Bad – Wasser rauscht durch den Wasserhahn. Irgendwo gluckst ein Heizungsrohr. Was höre ich jetzt, an diesem Morgen? Ich setze mich für eine kurze Meditation auf einen Stuhl und schließe die Augen. Geräusche kommen und gehen. Einige von weit weg – ein Brummen von der Straße – andere aus der Nachbarwohnung. Und wenn ich sehr achtsam lausche, höre ich sogar den Klang meines eigenen Atems …«

Egal worauf du deinen Fokus richtest – tue es immer nur für einen begrenzten Zeitraum, für eine kurze Zeit. Und vergiss nicht: Achtsam zu sein heißt nicht, die Dinge zu bewerten oder zu analysieren.
Es kommt nicht darauf an, was für ein Vogel es ist, der vor deinem Fenster zwitschert. Lenk deine Achtsamkeit einfach nur auf den Klang. »Zwitschern« – sonst nichts.

Auch wie du das Wetter »findest«, spielt jetzt keine Rolle. »Schön« oder »schlecht« sind nur Meinungen. Doch in die Schubladen unserer Urteile passt das Leben ohnehin nicht rein. Bleib einfach ganz bei dem, was du siehst. Oder spürst: Kalte Füße sind kalte Füße. Mach kein Problem daraus. Beobachte, wie es ist, und lass es so sein, wie es ist.

2. Regel: Bloß kein Stress

Wir wissen natürlich nichts über dein Leben. Wir haben keine Ahnung, ob du eine Frau oder ein Mann, Studentin oder Rentner, Chefin eines großen Unternehmens, Busfahrer oder arbeitslos bist; aber bei einem sind wir uns ziemlich sicher – dass du nämlich öfter mal im Stress sein dürftest.

Rund 90 Prozent aller Erwachsenen in Deutschland leiden gelegentlich oder regelmäßig unter Stress. Jeder Zweite glaubt sogar, von Burnout bedroht zu sein. Das passt gut zu dem, was wir in unserem Bekanntenkreis beobachten: Kopfschmerzen, Schlafprobleme, Erschöpfung, Niedergeschlagenheit ebenso wie Ängste und Beziehungsprobleme sind weit verbreitete Auswirkungen unseres stressigen Alltags.

Viele Faktoren wie Zeit- und Leistungsdruck, Multitasking, aber auch Bewegungsmangel oder Ärger im Job und in der Familie erzeugen Stress. Und Stress ist nichts anderes als ein innerer Spannungszustand, der auch zu Anspannungen im Körper führt.

Du kannst Stress nur fühlen, wenn du angespannt bist. Ein wichtiges Ziel von Morgenritualen besteht daher darin, Spannungen aufzulösen oder einfacher gesagt:

zu entspannen, zur Ruhe zu kommen, Energie zu sammeln und Belastendes loszulassen.

Wenn du deine Gesundheit schützen und dich rundum besser fühlen willst, solltest du dich so schnell wie möglich von Stress befreien. Alkohol, Schokolade oder Fernsehen werden dir dabei jedoch nicht helfen – im Gegenteil, sie bringen nur noch weitere Probleme mit sich.

Alle Elemente im Morgenritual wirken immer auch stressreduzierend – oder sollten es jedenfalls. Durch Meditation, Bewegung, Affirmationen und allgemein Achtsamkeit kannst du nicht nur deinen Körper, sondern vor allem auch deinen Geist tief entspannen.

> Mit jedem Morgenritual gießt du die Blumen im Garten der Ruhe, Entspannung und Leichtigkeit. Wie schnell sie aber wachsen, das kannst du nicht beeinflussen. Erzwinge nichts. Auch Loslassen braucht seine Zeit.

Vermeide bei deinem Morgenritual jede Art von Stress. Mach dein Ritual nicht zu einer Sache, die du »durchziehen musst«. Wenn du schon morgens darauf achtest, dich von Hektik und innerer Anspannung zu befreien, ist das besonders effektiv und erleichtert dir den ganzen Tag.

Damit das klappt, solltest du drei Dinge berücksichtigen:

1. Geh es langsam an: Du musst nicht gleich eine Stunde früher aufstehen. Es genügen schon zehn Minuten.
2. Wenn du nur wenig Zeit hast, dann tu auch nur wenig. Meditiere zum Beispiel. Oder frühstücke in aller Ruhe. Versuch nicht, Visualisierungen, Affirmationen, Tagebuchschreiben, Sport und Yoga »unterzubringen«. Selbst wenn du dich nach dem Aufstehen nur achtsam streckst und dreimal tief durchatmest, ist das bereits ein kleines Morgenritual.
3. Wenn du mal gar nicht aus dem Bett kommst, ist das nicht schlimm. Ein Morgenritual ist ein Angebot, kein Pflichtprogramm. Und wenn es heute nicht geklappt hat, ist morgen ja wieder ein Tag.

3. Regel: Gut für sich selbst sorgen

Das Besondere an einem Morgenritual ist, dass du es (normalerweise) für dich allein durchführst. Im Gegensatz zum restlichen Tag, wo du wahrscheinlich viele Leute triffst, gehört diese Zeit nur dir ganz allein. In dieser Zeit kannst du deine Aufmerksamkeit daher mehr als sonst auf dich selbst und deine Erfahrung richten.

Besonders morgens, noch bevor der Alltag über dich hereinbricht, hast du die Freiheit, etwas für deinen inneren Frieden, dein Wohlbefinden und deine Gesundheit zu tun. In dieser Zeit gibt es nur eine Sache, die wirklich wichtig ist: Kümmere dich gut um dich selbst.

Nutze dein Morgenritual, um etwas für dich selbst zu tun – für einen gesunden Körper, für positive Gefühle und einen klaren Geist. Denn vergiss nicht: Du bist der wichtigste Mensch in deinem Leben.

Steh auf und liebe dich selbst

Bestimmt kennst du den Begriff »Selfcompassion«. Oft wird er mit »Selbstmitgefühl« oder »Selbstliebe« übersetzt. Klingt das für dich egoistisch? Das ist es aber nicht, denn mit Egoismus hat Selbstmitgefühl nichts zu tun.

Nur wenn du dich selbst annimmst und freundlich mit dir umgehst, kannst du auch anderen Menschen gegenüber wohlwollend sein. Nur wenn du Mitgefühl dafür empfinden kannst, dass du – wie jeder von uns – Stärken und Schwächen, gute und schlechte Phasen und manchmal auch viele Schwierigkeiten hast, kannst du aus vollem Herzen zu dir sagen: »Ich bin okay – und zwar genau so, wie ich bin!«

Falls du nur wenig Selbstmitgefühl hast – das wäre kein Wunder, weil die wenigsten Menschen sich selbst wirklich lieben –, hilft nur eins: Ebenso wie Achtsamkeit kann man auch Selbstmitgefühl üben. Im Alltag klappt das nicht gut, weil einfach zu viel los ist. Während des Morgenrituals bietet sich hingegen die Möglichkeit, einmal wirklich freundlich und liebevoll zu dir selbst zu sein und Selbstmitgefühl zu üben.

Wenn du bereits morgens sanft und akzeptierend mit dir umgehst und dadurch Selbstmitgefühl übst, ist es sehr wahrscheinlich, dass dir das auch während des

Tages gelingen wird. Sicher nicht immer, aber immer wieder einmal.

Schon durch ein kleines bisschen mehr Selbstmitgefühl …

- … wird dein Morgenritual zu einer ganz besonderen Zeit des Tages.
- … wird es dir klarer, welche Bedürfnisse du wirklich hast und welche Wünsche eher Ersatzbefriedigungen sind.
- … lernst du, dich selbst und dein Handeln besser zu verstehen.
- … fühlst du dich sicherer und geborgener in dir selbst.
- … kannst du schädigende Gewohnheiten leichter entlarven und durch positive ersetzen.
- … wird sich die Beziehung zu den Menschen um dich herum verbessern und harmonisieren.

> »Wer aber leicht werden will wie ein Vogel, der muss sich selber lieben.«
>
> Friedrich Nietzsche

TANJAS MORGENRITUAL

Tanja braucht keinen Wecker. Sie wacht immer kurz vor sieben auf. Früher hat sie dann noch lang im Bett gelegen, ist schließlich lustlos aufgestanden und musste dann in die Agentur hetzen.

Jetzt freut sie sich aufs Aufstehen. Sobald Tanja aufwacht, bleibt sie bewusst noch für einige Atemzüge mit geschlossenen Augen liegen und sieht, ob sie sich an ihre Träume erinnern kann. Dann schlägt sie die Augen auf und schreibt im Bett gleich ein paar Notizen über ihre Träume ins Traumtagebuch, das auf dem Nachttisch liegt.

Dann macht Tanja ein kleines Bettyoga-Programm: Sie dehnt und streckt sich gründlich durch, kippt das Becken auf und ab und macht ein paar Atemübungen. Nun ist sie schon so energiegeladen, dass sie es keine Minute länger im Bett aushält. Tanja geht ins Bad, putzt sich die Zähne und wäscht sich das Gesicht achtsam und entspannt.

Um ihren Körper auf Touren zu bringen, läuft sie anschließend eine kurze Runde durch den Park – ohne Musik, ganz bewusst bei der Bewegung.

Zu Hause duscht sie – auch das läuft ganz rituell ab: Sie legt das Handtuch bereit, steht zuerst kurz unter der Dusche und spürt das Wasser auf ihrer Haut. Danach wäscht sie sich und verwöhnt ihre Haut nach dem Duschen mit einer duftenden Körperlotion.

Jetzt fühlt sich Tanja rundum wohl und voller Energie für den Tag. Doch es bleibt ihr noch etwas Zeit, um ihr Morgenritual abzuschließen: Sie setzt sich auf den Sessel am Fenster, nimmt den Gedichtband, den ihr eine Freundin geschenkt hat, zur Hand und liest darin wie jeden Morgen einen Vierzeiler. Sie hat sich vorgenommen, nicht mehr als vier Zeilen zu lesen, damit sie die Worte tief auf sich wirken lassen kann. Beim Lesen beobachtet sie ihre Gedanken und Gefühle.

Das Frühstück beendet das Morgenritual: Auch hier macht Tanja alle Handgriffe bewusst und genießt jeden Bissen ohne Hektik. Nun wird es Zeit, aufs Rad zu steigen und in Ruhe zur Arbeit zu fahren. Tanja weiß, dass heute wieder ein guter Tag werden wird.

Schon abends an den Morgen denken

Neben den wichtigen Grundprinzipien Achtsamkeit, Stressreduktion und Selbstfürsorge, die wir eben besprochen haben, gibt es noch ein paar praktische Dinge, die beim Morgenritual zu beachten sind. Das Erste ist die richtige Vorbereitung. Genau genommen beginnt der nächste Morgen nämlich bereits mit der Planung am Vorabend.

Allein aus praktischen Gründen ist es sehr erleichternd, wenn morgens schon alles für dich organisiert ist – wenn die Kleider bereit liegen, dein Frühstück vorbereitet ist, die Yogamatte auf dem Boden, ein frisches Handtuch im Bad oder das Notizbuch auf dem Tisch liegt.

Doch es kommen noch psychologische Gründe dazu: Eine gute Vorbereitung ermöglicht es dir, loszulassen und besser zu schlafen. Und damit du morgen nicht mehr über die einzelnen Schritte im Ritual nachdenken musst, kannst du dir heute Abend schon eine kleine Überblicksliste mit Zeitangabe schreiben.

Es ist wichtig, den vergangenen Tag abzuschließen, bevor der neue beginnt. Einige einfache Strategien helfen dir dabei:

- Verbring den Abend nicht vor dem Bildschirm. Schalte spätestens eine Stunde, bevor du schlafen gehst, Fernseher, Computer und Smartphone aus.
- Gib deinem Geist etwas Zeit, zur Ruhe zu kommen und den Tag ausklingen zu lassen. Lies etwas leicht Verdauliches, trink einen Kräutertee, mach einen Spaziergang …
- Um Grübeln im Bett zu vermeiden und deine Achtsamkeit zu entwickeln, ist eine kurze Tagesrückschau sehr hilfreich. Ruf dir dazu mindestens fünf Erinnerungen des vergangenen Tages vor dein inneres Auge: Wo warst du jeweils? Was hast du gemacht? Mit wem hast du gesprochen? Wie hast du dich gefühlt? Es genügt, dir einige Bilder in Erinnerung zu rufen und das, was du erlebt hast, dann bewusst loszulassen – es ist vorbei, und morgen beginnt ein neuer Tag.

Raus aus dem Bett

Das Aufstehen ist im wahrsten Sinne des Wortes der erste Schritt jedes Morgenrituals, und darum ist es wichtig, das Bett bewusst zu verlassen. Es gibt zwei Möglichkeiten – welche davon dir eher liegt, ist Typsache:

1. Die dynamische Variante: Stell deinen Wecker nicht neben das Bett, sondern weit genug weg, sodass du auch wirklich aufstehen musst, wenn er anfängt zu klingeln. Sobald du ihn ausgeschaltet hast, streckst du dich kurz durch, atmest einmal tief ein und aus und beginnst dann zügig mit deinem Morgenritual.
2. Die meditative Variante: Auch wenn es so scheint, als ob das die »gemütlichere« Art ist, aus dem Bett zu kommen, erfordert sie letztlich mehr Disziplin als die dynamische Variante. Denn es besteht die Gefahr, dass du im Bett liegen und in alten Mustern stecken bleibst. Doch auch das funktioniert: Sobald der Wecker neben deinem Bett klingelt, drückst du nicht auf die Schlummertaste, sondern schaltest ihn ganz aus. Dreh dich auf den Rücken und leg die Hände auf den Bauch. Reise jetzt innerlich kurz durch deinen Körper – dazu lenkst du deine Achtsamkeit der Reihe nach jeweils einige Sekunden

lang auf die Füße, Beine, den unteren und oberen Rücken, die Hände, Arme und abschließend zum Kopf. Spüre das Gewicht deines Körpers. Atme dann einige Male tief durch und streck dich. Danach rollst du dich auf die Seite und setzt dich auf die Bettkante. Spüre, wie die Fußsohlen den Boden berühren, und komm dann langsam zum Stehen.

Ganz gleich, für welche Art des Aufstehens du dich entscheidest, versuch, die ersten Schritte an diesem neuen Tag ganz bewusst zu tun, und achte darauf, wie sich dein Körper anfühlt.

Und abschließend noch ein kleiner Tipp zum Aufwachen: Falls dir das schrille Klingeln des Weckers morgens die Laune verdirbt, solltest du dich von einem angenehmeren Weckton oder noch besser von deiner Lieblingsmusik wecken lassen. Musik kann deine Stimmung am Morgen sehr verbessern.

Es werde Licht

»Was hilft aller Sonnenaufgang, wenn wir nicht aufstehen?«, schrieb Georg Christoph Lichtenberg.

An einem warmen Morgen, an dem sich die Sonnenstrahlen einladend über die Bettdecke ergießen, fällt es leicht, aus dem Bett zu springen, die Fenster zu öffnen, in den blauen Himmel zu schauen und tief durchzuatmen. Der Anfang des Morgenrituals ist damit schon getan.

Aber wie ist das an den anderen Tagen? Wenn es draußen regnet oder im Winter morgens noch dunkel ist, ist Aufstehen viel schwieriger. Dann musst du ein wenig nachhelfen, um die Dunkelheit zu vertreiben, indem du Licht einschaltest – die Beleuchtung sollte angenehm, aber trotzdem hell sein.

Du kannst dir auch eine Tageslichtlampe besorgen, wie sie in der Lichttherapie verwendet wird. Eine solche Lampe gaukelt deinem Körper vor, dass die Sonne scheint, und der glaubt es ihr. Diese Lampen erleichtern das Aufstehen daher ungemein.

Wasser trinken

Im Schnitt schlafen wir pro Nacht sechs bis acht Stunden. Danach ist der Körper dehydriert, weshalb wir unsere Flüssigkeitsspeicher nach dem Aufstehen schnell wieder auffüllen sollten. Das beste Getränk für deinen Körper ist zugleich das einfachste: Wasser.

Die Trinkwasserqualität ist hierzulande sehr gut. Trotz gelegentlicher Negativschlagzeilen liegt sie im weltweiten Vergleich ganz weit oben. Trotzdem kannst du zusätzlich Filtersysteme benutzen, um die Qualität und den Geschmack zu verbessern.

Eine gute Möglichkeit, den Organismus wieder mit Flüssigkeit zu versorgen, besteht darin, gleich nach dem Aufstehen ein großes Glas Wasser mit ein paar Spritzern Zitronensaft zu trinken. Zitronensaft wirkt entgiftend, erfrischend und stärkt die Abwehr. Zu kalt sollte das Wasser nicht sein: Achte darauf, dass es zumindest Zimmertemperatur hat.

Aus Sicht des Ayurveda, der traditionellen indischen Heilkunst, ist es vorteilhafter, warmes Wasser zu trinken. In der ayurvedischen Medizin hat sich das Trinken von warmem Wasser seit Jahrhunderten bewährt. Dem

Ayurveda zufolge wird es durch das Aufkochen mit Energie angereichert und gereinigt.
Die Anwendung: Lass das Wasser kurz aufkochen und füll es dann in eine große Tasse. Gib etwas kaltes Wasser dazu, damit du es trinken kannst.

»Alles ist aus dem Wasser entsprungen! Alles wird durch das Wasser erhalten!«, schrieb Goethe. Wir müssen nicht kilometerweit gehen, um ein wenig Wasser zu bekommen, denn bei uns fließt es einfach aus der Leitung. Kannst du das Wassers trotzdem wertschätzen? Ist dir bewusst, wie sehr unser Überleben vom »blauen Gold« abhängt? Wenn du während deines Morgenrituals Wasser trinkst, machst du daraus bereits eine Achtsamkeitsübung, wenn du es langsam und in kleinen Schlückchen trinkst.

Rein ins Bad: Zähne putzen, Katzenwäsche …

Ein einfaches Morgenritual kann darin bestehen, dass du genüsslich Zeit im Bad verbringst, dich duschst oder badest und deinen Körper achtsam und gründlich pflegst und verwöhnst. Der Morgen ist eine gute Zeit, um seinem Körper Aufmerksamkeit zu schenken.

Andererseits gibt es noch viele andere interessante Dinge, die du in einem Morgenritual für dich tun kannst, und deshalb musst du natürlich keine halbe Stunde im Bad verbringen. Vielleicht willst du ohnehin lieber abends duschen, um dich nach einem harten Tag zu entspannen.

Egal, ob du morgens duschst oder nicht – nach dem Aufstehen solltest du erst einmal den Ort wechseln und vom Schlafzimmer ins Bad gehen. Nimm dir wenigstens einige Minuten Zeit, um dir die Zähne zu putzen und eine kurze Katzenwäsche durchzuführen. Ein paar Spritzer kaltes Wasser im Gesicht genügen, um deinem Unterbewusstsein zu signalisieren, dass nun ein neuer Tag begonnen hat.

TOMS MORGENRITUAL

In einigen Wochen wird Tom seinen siebzigsten Geburtstag feiern. Nachdem seine Frau schon vor vielen Jahren gestorben ist, hatte er viel Zeit, sich an das Alleinsein zu gewöhnen. »Allein« stimmt allerdings nicht so ganz, denn Tom spielt leidenschaftlich gern Tennis im Verein, hat einen großen Freundeskreis und engagiert sich regelmäßig als Leihopa. Er hilft seinen Patenkindern bei den Hausaufgaben, liest ihnen vor oder geht auch mal mit ihnen in den Zoo, um ihre meist alleinerziehenden Eltern zu entlasten.

Seine immer noch beachtliche Fitness und seine Gelassenheit verdankt Tom zum Großteil seinem Morgenritual, das er seit Jahren unverändert zelebriert. Nachdem der Wecker um halb acht klingelt, braucht Tom immer erst einmal ein paar Minuten, um wach zu werden. Dann steht er auf, geht kurz ins Bad und anschließend gleich zur Kaffeemaschine, wo er sich seinen Cappuccino in aller Ruhe zubereitet.

Mit dem Kaffee in der Hand setzt Tom sich in seinen Korbstuhl am Wohnzimmerfenster und beobachtet lange die Vögel im Garten. In dieser Zeit macht er sich bewusst, wie dankbar er für sein bisheriges, aber auch für sein jetziges Leben sein kann.

Anschließend setzt sich Tom auf sein Fahrrad und fährt mit Bobbel, seinem Schäferhund-Collie-Mischling, im nahegelegenen Wald spazieren. Tom liebt die Natur und die Bewegung an der frischen Luft so sehr, dass ihn auch Regen und Schnee nicht von seiner morgendlichen Radtour abhalten können.

Wieder zu Hause angekommen, stellt sich Tom kurz unter die heiße Dusche, bevor er ein ausgedehntes Frühstück zu sich nimmt, von dem auch Bobbel den einen oder anderen Happen abbekommt.
Tom freut sich auf sein heutiges Patenkind und die Aufgaben, die der Tag bringen wird. Er nimmt sich wie jeden Tag vor, allen Menschen, die ihm heute begegnen werden, mitfühlend und freundlich zu begegnen.

Entdecke DEIN Morgenritual

»Richtig« oder »falsch« gibt's bei Morgenritualen nicht, sondern nur »richtig für dich« oder »falsch für dich«. Nur weil eine berühmte Schauspielerin morgens eine Stunde Yoga macht oder ein ehemaliger US-Präsident um halb sechs zum Joggen geht, heißt das nicht, dass Yoga oder Jogging auch für dich das Richtige sein müssen. Was für den einen Medizin ist, ist für den anderen Gift.

Bevor du mit der Praxis beginnst, musst du zunächst entscheiden, wie dein Morgenritual aussehen soll. Einerseits ergibt sich das aus dem Zeitrahmen, der dir zur Verfügung steht, andererseits aus deinen Interessen und Zielen.

Wie dir bestimmt aufgefallen ist, haben wir in diesem Buch einige Beispiele von Menschen in verschiedenen Lebenssituationen beschrieben. Jeder von ihnen folgt einem anderen Morgenritual. Finde also heraus, wie dein idealer Morgen aussieht. Als Anregung haben wir dir im Folgenden einige Programme beschrieben.

Jedes Programm enthält verschiedene Schritte, und sofern die sich nicht von selbst verstehen, wirst du (vor allem zu Übungen) jeweils noch genauere Beschreibungen finden. Du musst die vorgeschlagenen Morgenrituale natürlich nicht eins zu eins übernehmen. Der Aufbau dieser Routinen dient vor allem deiner Orientierung, denn letztlich musst du deinen eigenen Weg – dein Ritual – finden.

Anfangs solltest du dir etwas Zeit nehmen, um ein wenig mit deinem Morgenritual zu experimentieren. Du kannst zum Beispiel einige Elemente durch andere ersetzen oder die Reihenfolge im Ritual ändern, wenn du das Gefühl hast, dass das besser ist. Mach dir aber nicht zu viele Gedanken.

Denk nicht lange über dein Morgenritual nach. Folge deiner Intuition, hör auf dein Herz und fang einfach an. So entdeckst du am schnellsten, was du brauchst, um dich wohl und voller Energie zu fühlen.

Dein Ziel bestimmt den Weg

Morgenrituale bieten dir eine effektive Möglichkeit, in kurzer Zeit viele positive Veränderungen in deinem Leben zu bewirken. Im Alltag bleibt dir oft nicht die Zeit, dich um die wirklich wichtigen Dinge zu kümmern – etwa um deine Gesundheit, dein inneres Gleichgewicht, einen klaren, gelassenen Geist oder eine liebevolle Beziehung zu dir selbst. Doch in der Früh hast du Zeit für all diese Dinge – sofern du sie dir nimmst.

Ein Morgenritual schützt dich davor, ständig im Erledigungsmodus zu leben, oder anders gesagt: nur noch zu funktionieren und irgendwann ganz im Grau des Alltags zu versinken. Die täglichen Anforderungen sind groß, ebenso die Gefahr, dich in Ablenkungen und Zerstreuung zu verlieren. Darum ist es so wichtig, dich gleich am frühen Morgen zu sammeln und zu dir zu kommen.

Bevor du dein Morgenritual in die Tat umsetzt, solltest du dir allerdings noch zwei wichtige Fragen stellen:

1. »Was möchte ich erreichen?« – Was soll sich ändern? Wohin soll deine Reise gehen? In welche Richtung willst du dich entwickeln?
2. »Wie schaffe ich das?« – Welche Methoden helfen dir dabei? Wie viel Zeit kannst du dir dafür nehmen? Was kannst du morgens konkret tun, um deinen Zielen jeden Tag einen Schritt näher zu kommen?

Deine Morgenroutine sollte immer im Einklang mit deinen Zielen sein – und deine Ziele hängen von deinen Werten ab. Zumindest dann, wenn es sich wirklich um deine Herzensziele handelt.

Dein Herzensziel, deine Vision von dem, wie du leben möchtest, muss übrigens gar nichts Großartiges sein. Vielleicht möchtest du einfach nur gelassener werden, möchtest lernen, das Schöne in jedem Tag klarer zu sehen, achtsamer sein oder dich von Ärger, Wut oder Angst befreien. Aber natürlich kannst du dir auch große Ziele setzen, etwa einen Roman zu schreiben, eine Organisation zu gründen oder einen Marathon zu laufen.

Möchtest du, dass sich in deinem Leben ein paar Dinge verändern? Dann musst du natürlich auch anders handeln und Dinge tun, die du bis jetzt nicht oder zu selten tust. Gerade hier ist ein Morgenritual oft die Lösung.

- Wenn du mehr Freude erleben willst, dann versuch die Zeit am Morgen zu nutzen, um zu genießen und Dinge zu tun, die dir Spaß machen.
- Du sehnst dich nach mehr Gelassenheit und innerer Ruhe? Dann solltest du dir morgens Zeit nehmen, dich zu entspannen und deine Achtsamkeit zu entwickeln.
- Wenn du erfolgreicher oder produktiver sein möchtest, solltest du dir über deine Ziele und den Weg dorthin klarer werden.
- Wenn du abnehmen willst, musst du etwas an der Art ändern, wie du isst, und natürlich auch darüber nachdenken, was du isst.

Gestalte dein Morgenritual immer so, dass es zu deinen Bedürfnissen und Zielen passt. Geh kreativ und flexibel mit allen Vorschlägen in diesem Buch um.

Typische Fehler vermeiden

Dass man bei Morgenritualen nichts falsch machen kann, stimmt nicht so ganz. Zwar solltest du den Morgen nach deinen Wünschen gestalten, aber ein paar Fehler solltest du trotzdem vermeiden:

- Planlos sein. Bei einem Morgenritual gilt das Gleiche wie bei einem Fitnessprogramm: Wenn du keinen Plan hast, kommst du nicht weit. Stell dir immer ein klares Programm für deinen Morgen zusammen und schreib es am besten auch auf.
- Smartphone, Mails, Facebook … Digitale Medien haben einen sehr starken und leider meist negativen Einfluss auf unser Leben. Je weniger du dich davon gefangen nehmen lässt, desto besser. Zumindest morgens nach dem Aufstehen solltest du alle digitalen Ablenkungen vermeiden. Die Welt dreht sich auch weiter, wenn du nach dem Aufwachen nicht gleich deine Mails liest oder dir von Wetter- und News-Apps die Stimmung verderben lässt.
- Ablenkungen: Abgesehen von Computern, Smartphones und Fernsehern gibt es noch weitere Ablenkungen, die deinen Geist zerstreuen. Verbanne alle Zeitungen und Zeitschriften aus deinem Blickfeld und erst recht vom Frühstückstisch. Und was

Musik betrifft: So aktivierend sie beim Aufstehen sein kann – während du Yoga machst, meditierst, mit Affirmationen arbeitest oder dir Notizen machst, sollte keine Musik im Hintergrund laufen. Wenn du allerdings Musik hörst, um Musik zu hören und in sie einzutauchen, dann kann auch das ein wunderbarer Teil deines Morgenrituals werden.

- Ungeduld: Damit ein Ritual ein Ritual werden kann, braucht es regelmäßige Wiederholung und somit Zeit. Es bringt nichts, sein Morgenritual nur drei Tage lang durchzuführen, anschließend eine Woche zu pausieren und es dann wieder mit einem anderen Programm zu probieren. Gib deinem Morgenritual eine Chance. Ändere es nicht zu schnell. Ungeduld entsteht im Geist, und das Gegenmittel ist einfach: Denk nicht lange darüber nach, ob dein Programm richtig ist und was du alles ändern solltest. Mach es einfach. Und nach ein paar Wochen kannst du dir deine Erfahrungen dann in Ruhe anschauen und wenn nötig Veränderungen an deinem Ritual vornehmen.
- Chaos: Wer in sich ruht wie ein Fels in der Brandung, für den ist äußeres Chaos kein Problem. Für alle anderen ist es wichtig, dass um sie herum so wenig Chaos wie möglich herrscht. Es fördert deine innere Ruhe und Klarheit, in einem aufgeräumten Zimmer aufzuwachen. Sorge für eine harmonische Atmosphäre im Raum: Räum leere Tassen und Flaschen,

überquellende Aschenbecher, Stapel von Zeitschriften oder herumliegende Socken und so weiter schon am Vorabend auf. Je mehr Ordnung um dich herum herrscht, desto klarer und aufgeräumter wird es auch in deinem Kopf zugehen.

Das Morgenritual für Gesundheit und Fitness

Mit dem folgenden aktivierenden Morgenritual kannst du viel für deine Gesundheit, dein Wohlbefinden und deine Fitness tun. Dennoch ist ein Morgenritual kein Fitnessprogramm. Auch wenn dein Schwerpunkt darin liegt, abzunehmen oder deine Ausdauer zu verbessern, solltest du immer daran denken, worauf es bei einem Morgenritual vor allem ankommt: Bleib achtsam, spüre in dich hinein und nutze die Zeit, um zu dir selbst zu kommen.

Die Prinzipien einer guten Gesundheit sind einfach: Beweg dich genug, ernähre dich bewusst, befreie dich von Stress, meditiere und sei freundlich und mitfühlend zu dir selbst und anderen. Damit schützt du deine Gesundheit besser als mit jeder Medizin.

Stell deinen Körper in den Mittelpunkt des folgenden Morgenrituals. Lenk deine Achtsamkeit immer wieder darauf, wie sich dein Körper anfühlt – zum Beispiel beim Duschen, Laufen, Atmen oder Frühstücken. Bring dich in Schwung, aber achte auf deine Grenzen und stress dich nicht.

Dein Morgenritual im Überblick

Schritt 1 – Wasser mit Zitrone trinken

Schritt 2 – Katzenwäsche

Schritt 3 – Workout: Körperachtsamkeit

Schritt 4 – Wechselduschen

Schritt 5 – Energieatmung

Schritt 6 – Affirmationen für den Tag

Schritt 7 – Achtsam frühstücken

PRAXISTIPPS

Workout: Körperachtsamkeit

Es ist nicht wichtig, ob du lieber zum Laufen gehst, mit Hanteln trainierst, auf dem Minitrampolin springst oder Rad fährst. Das Wichtigste ist, dass du einen guten Kontakt zu deinem Körper aufnimmst. Achte darauf, wie sich dein Körper anfühlt. Fokussiere dich vor allem auf die Körperhaltung und den Muskeltonus, darauf, ob dein Körper angespannt, locker oder verkrampft ist.

Das folgende Workout dauert nur gute fünf Minuten, doch es kombiniert Kraft- und Ausdauertraining und bezieht den ganzen Körper ein.

Jede Übung wird dreißig Sekunden lang durchgeführt, dann machst du zehn Sekunden Pause und gehst zur nächsten Übung über. Die Übungen sind Klassiker und du findest genaue Anleitungen im Internet:

Hampelmann / Liegestützen / Bauchpresse (Crunch) / Stuhl-Step-Up (Treppensteigen auf eine Stuhlfläche) / Kniebeugen / Trizeps-Dips / Unterarmstütz / Auf der Stelle laufen und Knie hochziehen / Ausfallschritt

Wechselduschen

Dusch dich eine Minute lang warm ab. Dreh die Temperatur dann auf Kalt und führe den Duschkopf zunächst über die Beine. Anschließend braust du den rechten und dann den linken Arm kalt ab. Zuletzt sind Brust, Bauch und Nacken an der Reihe. Stell das Wasser wieder auf Warm und wiederhole das Ganze zwei- bis dreimal. Beenden das Wechselduschen immer mit kaltem Wasser.

Energieatmung

Diese Atemtechnik verleiht dir schnell neue Energie und aktiviert den ganzen Körper.

Stell dich aufrecht hin – die Füße sind schulterbreit auseinander, die Arme hängen neben dem Körper. Mit dem Einatmen hebst du die gestreckten Arme langsam vor dem Körper an, bis sie parallel zum Boden sind, die Handflächen weisen zueinander. Stell dir vor, dass du dabei heilende Energie aufnimmst.

Während du weiter einatmest, führst du die Hände zur Seite in die Waagrechte, wodurch die Brust sanft gedehnt wird. Halt den Atem jetzt sechs Sekunden lang an.

Atme dann langsam durch die Nase aus und lass die Arme seitlich sinken. Gib alles Belastende ab. Wiederhole das Ganze dreimal.

Affirmationen für den Tagen

- »Mein Körper wird mit jedem Atemzug gesund und heil.«
- »Ich achte auf die Signale meines Körpers und erkenne, was gut für mich ist.«
- »Jede Zelle meines Körpers ist voller Energie.«

Achtsam frühstücken

Verzichte auf Süßes, greif zu Haferflocken, Vollkorn und eiweißreichen Speisen wie Joghurt. Iss außerdem ein wenig frisches Obst. Und vor allem: Genieße das Essen bewusst.

Das Morgenritual für innere Ruhe und Gelassenheit

Das folgende Ritual ist ideal für dich, wenn du schon morgens unter Storm stehst und »eine Menge Affen im Kopf hast« – wenn deine Gedanken also ruhelos herumhüpfen und du an deine endlose To-do-Liste, die unangenehmen Kollegen, das Telefonat mit deiner Schwiegermutter oder den Zahnarzttermin denkst, noch bevor du dir einen Kaffee eingeschenkt hast.

Alle Sorgen und Probleme existieren nur in deinem Kopf. Ein Problem gibt es nur, wenn du es denkst – sonst ist es keins. Die Unruhe im Außen hängt also unmittelbar mit der Unruhe in deinem Geist zusammen. Doch während du außen wenig ändern kannst, kannst du innerlich zur Ruhe kommen und loslassen. Und dabei wird dir dieses Morgenritual eine wertvolle Hilfe sein.

Versuch, die Achtsamkeit während des Rituals ganz auf das Jetzt zu lenken. Richte deinen Fokus bei allem, was du tust, auf den gegenwärtigen Augenblick.

Dein Morgenritual im Überblick

Schritt 1 – Wasser mit Zitrone trinken

Schritt 2 – Katzenwäsche

Schritt 3 – Meditation: Atembeobachtung

Schritt 4 – Lesen

Schritt 5 – Visualisieren: Wolken am Himmel

Schritt 6 – Affirmationen für den Tag

Schritt 7 – Wechselatmung

Schritt 8 – Achtsam frühstücken: Slow Food

PRAXISTIPPS

Atembeobachtung

Setz dich aufrecht und entspannt hin und schließ die Augen. Lenk deine Achtsamkeit dann auf die Atembewegung im Bauch. Spüre, wie sich die Bauchdecke beim Einatmen sanft hebt und beim Ausatmen wieder senkt. Verändere nichts am Atem – versuch nicht, langsamer oder tiefer zu atmen. Lass den Atem einfach kommen und gehen.

Falls Gedanken oder Gefühle auftauchen, dann nimm sie kurz wahr und kehr mit deiner Aufmerksamkeit gleich wieder zur Atembewegung zurück. Bleib mindestens fünf Minuten bei dieser Meditation.

Lesen

Lies aufmerksam wenige Zeilen aus Büchern von Autoren wie Seneca, Epikur, Eckhart Tolle, Ajahn Brahm, Marie Mannschatz oder … von uns.

Visualisieren: Wolken am Himmel

Setz dich bequem hin und schließ die Augen. Lass ein Bild der Ruhe vor deinem inneren Auge entstehen: Stell dir einen blauen Himmel vor, über den weiße Wolken ziehen. Lass deinen Geist dabei weit und still werden und bleib einige Minuten dabei.

Affirmationen für den Tag

- »Ich bin ruhig und gelassen.«
- »Was auch geschieht – ich bleibe ganz in meiner Mitte.«
- »Ich lasse meinen Körper und meinen Geist immer mehr zur Ruhe kommen.«

Wechselatmung – siehe Seite 131

Achtsam frühstücken: Slow Food

Wenn du langsamer isst, schmeckst du auch mehr und wirst anschließend länger satt sein. Iss besonders langsam. Nimm dir viel Zeit für dein Frühstück, kaue gründlich und mach immer wieder kurze Pausen.

Das Morgenritual für mehr Erfolg und Produktivität

Einige sehr erfolgreiche Menschen beginnen ihren Tag mit einem Morgenritual. Für viele ist das ein Grund, es ihnen gleichzutun. Tatsächlich helfen dir Morgenrituale, deinen Zielen täglich näherzukommen. Die entscheidende Frage sollte allerdings lauten: Was heißt Erfolg für dich? Was willst du erreichen? Und vor allem auch: Warum willst du das erreichen?

Ist Geld, ein schnelles Auto, sind Statussymbole oder teure Reisen wirklich das, was du willst und brauchst? Kann natürlich sein. Aber vielleicht willst du auch selbstbewusster werden, ein Instrument lernen, aufs Land ziehen, mehr Zeit mit deinen Kindern verbringen oder einen Roman schreiben. Erfolg ist jeweils nichts anderes als das, was erfolgt, wenn du das Richtige tust. Und dein Erfolg sollte immer im Einklang mit deinen Herzenszielen stehen. Das folgende Morgenritual hilft dir, diese Ziele klarer zu erkennen und schließlich auch zu verwirklichen.

Dein Morgenritual im Überblick

Schritt 1 – Wasser mit Zitrone trinken

Schritt 2 – Katzenwäsche oder kalt duschen

Schritt 3 – Den Körper in Schwung bringen

Schritt 4 – Notizen: Ziele und Entwicklung

Schritt 5 – Affirmationen für den Tag

Schritt 6 – Visualisierung: Am Ziel

Schritt 7 – Achtsam frühstücken

PRAXISTIPPS

Den Körper in Schwung bringen

Ein gesunder, fitter Körper hilft enorm, wenn es darum geht, erfolgreich zu sein. Leg daher morgens eine kurze Bewegungsphase ein. Die einfachste Methode: Geh spazieren, egal wie das Wetter ist. Geh schnell, aber entspannt. Schwing auch die Arme durch und atme dabei bewusst und tief. Lenk deine Achtsamkeit auf das Jetzt – was hörst du? Was spürst du? Wie fühlt sich die Bewegung an? Welche Gedanken gehen dir durch den Kopf?

Notizen: Ziele und Entwicklung

Schreib drei Fragen untereinander und notiere deine Antworten:

1. »Was soll heute passieren? Welche Entscheidung könnte mich meinem Ziel heute näherbringen?«
2. »Was will ich in den nächsten vier Wochen erreichen?«
3. »Was will ich in einem Jahr erreicht haben? Wo will ich stehen? Was würde mich begeistern?«

Notiere dann alles, was deine Stimmung verbessert, deine Entwicklung fördert und dich glücklich macht – Menschen, Tätigkeiten, Situationen …

Affirmationen für den Tag

- »Ich bin fokussiert und bleibe gelassen.«
- »Ich lade den Erfolg in mein Leben ein.«
- »Ich spüre, wohin mein Herz mich führt.«

Visualisierung: Am Ziel

Schließ die Augen und mal dir in deinem Kopf die schönste Zukunft aus, die du dir vorstellen kannst. Alles ist erlaubt! Visualisiere, wie du wohnst, wie deine Arbeit aussieht, welche Menschen um dich herum sind – tauche tief in die Bilder ein und lass dich von ihnen begeistern.

Das Morgenritual für Selbstmitgefühl und Verbundenheit

Es gibt nicht viele Dinge, die dich glücklich machen können. Ein schönes Haus, mehr Geld, eine bessere Figur oder ein Urlaub auf Lanzarote haben ihre Vorteile – am Ende ändern sie aber nichts daran, ob du glücklich bist oder nicht.

Doch eines gibt es, was du machen kannst, um dein Leben zu verzaubern: Öffne dein Herz. Wissenschaftler und Psychologen bestätigen, was jeder von uns längst ahnt: Der schnellste Weg, um glücklich und erfüllt zu sein und jeden Tag zu einem wunderbaren Tag zu machen, besteht darin, mitfühlender zu sein – sich selbst und anderen gegenüber.

Beginne unbedingt bei dir selbst. Sobald du freundlich und mitfühlend mit dir umgehen kannst, wird es dir leichtfallen, auch andere ins Herz zu schließen. Nutze dein Morgenritual, um dich zu verwöhnen und liebevoll mit dir umzugehen. Mach dir bewusst, dass du wertvoll bist, und vergiss nicht, dass du dich jederzeit mit dir selbst und der Welt verbinden kannst, wenn du dich öffnest.

Das Morgenritual im Überblick

Schritt 1 – Wasser mit Zitrone trinken

Schritt 2 – Dehnen

Schritt 3 – Wellnessdusche und Massage

Schritt 4 – Herzmeditation

Schritt 5 – Brief an dich selbst

Schritt 6 – Achtsam frühstücken: Schmeckt's?

PRAXISTIPPS

Dehnen

Dehne, streck und rekel dich nach dem Aufstehen, um deine Lebensenergie zu steigern und in deinem Körper anzukommen. Streck die Arme senkrecht über den Körper. Stell dich auf die Zehen, als wolltest du einen Apfel vom Baum pflücken. Lass den Kopf dann nach unten hängen, bis das Kinn die Brust berührt, und lass anschließend auch Oberkörper und Arme im Stehen nach unten hängen. Geh immer langsam in die Dehnung und halt sie zehn bis zwanzig Sekunden. Spüre deinen Körper, während du dich in alle Richtungen durchrekelst.

Wellnessdusche und Massage

Verwöhn dich mit einer heißen Dusche. Anschließend kannst du deinen Körper sanft mit einer Lotion oder einem belebenden Körperöl wie zum Beispiel Rosmarinöl massieren.

Herzmeditation

Setz dich aufrecht, aber bequem hin und schließ die Augen. Lass Körper und Geist zur Ruhe kommen und richte deinen Fokus dann auf die Atembewegung.
Während du einatmest denkst du: »Möge ich …«
Während du ausatmest, denkst du: »… glücklich sein.«
Beim nächsten Einatmen denkst du: »Möge ich …«
beim Ausatmen: »… sicher und geborgen sein.«
Beim dritten Einatmen denkst du: »Möge ich …«
beim Ausatmen: »… friedvoll und gelassen sein.«
Fang anschließend von vorn an und wiederhole alle drei Wünsche. Bleib einige Minuten bei dieser Meditation.

Brief an dich selbst

Nimm ein schönes Blatt Papier und schreib dir selbst einen kurzen Brief oder ein paar Zeilen. Schreib, wie du einer guten Freundin schreiben würdest. Was schätzt du an dir? Was würdest du dir raten? Was wünschst du dir – was soll sich ändern? Was wirst du dir heute Gutes tun? Bring Mitgefühl und Wertschätzung in deinen Worten zum Ausdruck.

Achtsam frühstücken: Schmeckt's?

Die »STOP«-Technik entwickelt deine Achtsamkeit beim Essen besonders effektiv.

- S für »Stop«: Halt beim Frühstück kurz inne und leg die Hände auf deine Oberschenkel.
- T für »Take a breath«: Lenk die Achtsamkeit für ein oder zwei Atemzüge auf deinen Atem.
- O für »Observe«: Beobachte, ob dir das, was du isst, wirklich schmeckt. Ist es das, was du gerade brauchst?
- P für »Proceed«: Wende dich dann wieder deinem Frühstück zu und iss oder hole dir eventuell etwas anderes zum Frühstücken.

Fünf Minuten früher aus den Federn – Die schnelle Morgenroutine

Viele von uns, die an sich sehr von einem Morgenritual profitieren würden, lassen sich von der Vorstellung abschrecken, dass so ein Ritual viel Zeit kostet. Das stimmt aber nicht. Du brauchst nur sehr wenig Zeit, um ein Morgenritual durchzuführen. Du musst nicht eine Stunde früher aufstehen. Gerade anfangs gilt: In der Kürze liegt die Würze. Schon fünf Minuten genügen, um dich gut auf den Tag einzustimmen.

Dein Morgenritual im Überblick

Schritt 1 – Wasser mit Zitrone trinken

Schritt 2 – Katzenwäsche

Schritt 3 – Achtsamkeitsmeditation:
Drei-Minuten-Atemraum

Schritt 4 – Zweimal drei Dinge,
für die du dankbar bist

Schritt 5 – Achtsam frühstücken

PRAXISTIPPS

Achtsamkeitsmeditation: Drei-Minuten-Atemraum

Die folgende kleine Übung ist ein Klassiker unter den Achtsamkeitstechniken. Sie lässt sich so ziemlich überall durchführen, sofern du drei Minuten Zeit hast, innezuhalten und in dich hineinzuhören. Doch auch für ein Morgenritual eignet sich die Übung ganz hervorragend – vor allem dann, wenn du wenig Zeit hast.

Setz dich bequem und aufrecht hin und schließ die Augen.

Erste Minute: Richte deine Achtsamkeit auf deinen jetzigen »Ist-Zustand« – auf deine Gedanken, deine Gefühle und deinen Körper. Was denkst du gerade? Was beschäftigt dich? Wie ist deine Stimmung? Und wie fühlt sich dein Körper an? Horche kurz in dich hinein und nimm alle Empfindungen einfach wahr.

Zweite Minute: Lenk den Fokus jetzt auf deinen Atem. Lass den Atem kommen und gehen. Beobachte die Atembewegung im Bauch oder den Atemstrom an den Nasenlöchern. Tauche ganz in den gegenwärtigen Augenblick ein – in das Kommen und Gehen des Atems.

Dritte Minute: Lös dich jetzt wieder von der Atembeobachtung und lenk die Achtsamkeit auf deinen Körper, indem du versuchst, den Körper als ein Ganzes wahrzunehmen.

Zweimal drei Dinge, für die du dankbar bist

Nimm ein Blatt Papier oder dein Tagebuch und notier dir drei Dinge, für die du dankbar bist – und zwar Dinge, die du jetzt im Augenblick wahrnehmen kannst, also zum Beispiel, dass du in einer warmen Wohnung bist, dass dein Körper gesund ist, der Kaffee gut riecht oder Ähnliches.

Notier dir dann drei Dinge, die du gestern erlebt hast und für die du dankbar bist, wenn du jetzt an sie zurückdenkst – also etwa, dass die Sonne geschienen hat, die Verkäuferin in der Konditorei freundlich war oder du mit einer lieben Freundin telefoniert hast und dir eurer Verbundenheit gewiss bist.

Such nicht nach Großartigem. Es sind die kleinen Geschenke des Alltags, durch die du Wertschätzung für dein Leben entwickelst.

Das Fünfzehn-Minuten-Standard-Programm

Dein Morgenritual im Überblick

Schritt 1 – Wasser mit Zitrone trinken

Schritt 2 – Katzenwäsche

Schritt 3 – Meditation: Ruhe im Atem, Ruhe im Körper

Schritt 4 – Ein wenig Bewegung

Schritt 5 – Achtsamkeitsnotiz: Wie geht es mir gerade?

Schritt 6 – Achtsam frühstücken

PRAXISTIPPS

Meditation: Ruhe im Atem, Ruhe im Körper

Setz dich aufrecht und entspannt auf einen Stuhl oder ein Meditationskissen. Schließ die Augen und atme dreimal tief durch. Lass den Atem dann einfach kommen und gehen, ohne ihn zu beeinflussen.

Richte deinen Fokus jetzt auf das Ein- und Ausströmen der Atemluft in den Nasenlöchern. Spüre, dass die Luft beim Einatmen kühler und beim Ausatmen wärmer ist. Lenk deine Achtsamkeit ganz auf den Bereich deiner Nasenlöcher.

Immer wenn Ablenkungen wie Gedanken, Geräusche oder Körperempfindungen auftauchen, kehrst du einfach wieder geduldig zur Beobachtung des Atems zurück.

Durch das achtsame Beobachten des Atems wird auch dein Körper mit der Zeit immer ruhiger werden. Unterstütze das, indem du mit dem Atmen innerlich mehrmals folgenden Satz sprichst: »Kommt der Atem zur Ruhe, so kommt auch der Körper zur Ruhe«.

Bleib einige Minuten bei dieser Meditation.

Ein wenig Bewegung

Nach der Meditation solltest du deine Körperenergie aktivieren. Mach ein paar Yogaübungen (siehe Seite 136), dehne den Körper durch (siehe Seite 113) oder tanze ein bisschen durchs Zimmer – was immer dir Spaß macht, ist genau das Richtige.

Achtsamkeitsnotiz: Wie geht es mir gerade?

Setz dich an einen bequemen Platz und nimm einen Block oder dein Tagebuch zur Hand. Stell dir dann die Frage: »Wie geht es mir eigentlich gerade? Wo sind meine Gedanken? Was belastet mich? Und wie ist meine Stimmung?«

Schreib keinen Roman – ein paar kurze Notizen genügen.

Das Dreißig-Minuten-Standard-Programm

Dein Morgenritual im Überblick

Schritt 1 – Wasser mit Zitrone trinken

Schritt 2 – Katzenwäsche

Schritt 3 – In Schwung kommen: Energy-Walking

Schritt 4 – Meditation: Die Gedanken kommen und gehen lassen

Schritt 5 – HA-Atmung

Schritt 6 – Affirmationen für den Tag

Schritt 7 – Schreiben: To-do-Liste

Schritt 8 – Achtsam frühstücken

PRAXISTIPPS

In Schwung kommen: Energy-Walking

Schon wenige Minuten dynamisches Walking im Freien genügen, um körperlich und geistig aufzuwachen und die Abwehrkräfte zu stärken. Beim schnellen Gehen solltest du typische Fehler vermeiden und auf eine gute Technik achten:

- Setz den Fuß immer mit der Ferse auf und roll die ganze Fußsohle über Ferse, Ballen und Zehen ab.
- Stoß dich mit jedem Schritt kräftig ab und achte darauf, dass die Fußspitzen gerade nach vorn weisen.
- Der Armschwung sollte locker, aber dynamisch sein. Die Arme bewegen sich gegengleich zu den Beinen – wenn du das linke Bein nach vorn setzt, schwingt gleichzeitig der rechte Arm nach vorn und umgekehrt.
- Halt den Oberkörper aufrecht, bleib locker in den Knien und zieh die Schulterblätter etwas nach unten und innen. Dein Gesicht sollte möglichst entspannt bleiben.
- Atme immer durch die Nase. Du kannst deine Konzentration fördern, wenn du deinen Atem- an dei-

nen Schrittrhythmus angleichst – also zum Beispiel drei Schritte ein- und drei Schritte ausatmest.

Meditation: Die Gedanken kommen und gehen lassen

Setz dich bequem und aufrecht hin und schließ die Augen. Lenk deine Achtsamkeit dann auf deinen Geist: Beobachte deine Gedanken. Das klappt am besten, indem du sie in Kategorien einordnest. Kleb jedem Gedanken innerlich ein Etikett auf – zum Beispiel »Zukunft«, »Erinnerung«, »Bilder«, »Selbstgespräche«, »Sorgen« und so weiter.

Das Kategorisieren erhöht deine innere Klarheit und lässt den Geist zur Ruhe kommen. Achte darauf, nicht an einzelnen Gedanken hängen zu bleiben und dich nicht in Geschichten zu verstricken. Die Gedanken kommen und gehen wie Wolken, die am Himmel entlangziehen. Beobachte sie und lass sie weiterziehen …

HA-Atmung

Steh mit weit gegrätschten Beinen und locker hängenden Armen. Heb die Arme mit einer tiefen Einatmung seitlich nach oben – die Handflächen zeigen nach vorn, der Körper ist gestreckt. Halt die Stellung kurz, ohne zu atmen. Schwing dann deine Arme und deinen Oberkörper zwischen die Beine und rufe mit einer kräftigen Ausatmung »HA«. Lass den Oberkörper und die Arme kurz hängen und richte dich langsam wieder auf. Wiederhole die Übung dreimal.

Diese Technik hilft dir, Belastungen auszuatmen und Energieblockaden zu lösen. Falls du deine Nachbarn schonen willst, gibt es auch eine leise Variante: Hauche das »HA« kräftig aus, als würdest du laut seufzen.

Affirmationen für den Tag

- »Ich bin offen für meine Möglichkeiten und folge der Stimme meines Herzens.«
- »Ich folge meiner Freude und strahle Liebe aus.«
- »Ich bin selbstbewusst und stelle mich allen Herausforderungen mit Energie und Offenheit.«

Schreiben: To-do-Liste

Mit ein paar Notizen kannst du deinen Kopf entlasten. Was auch immer heute erledigt werden muss – sobald du es aufgeschrieben hast, kannst du es mental loslassen.

Schreib eine Liste mit zehn Dingen, die du heute erledigen willst – einfach in der Reihenfolge, in der sie dir einfallen.

- Unterstreiche jetzt mit Rotstift die wichtigste Tagesaufgabe – nur eine Sache.
- Unterstreiche dann blau drei Dinge, die weniger wichtig, aber doch relativ eilig sind oder dir am Herzen liegen.
- Unterstreiche grün fünf Kleinigkeiten wie Einkaufen, Telefonate und Ähnliches, die nicht so wichtig sind, dass du sie notfalls nicht auch morgen erledigen könntest.

Das große Morgenritual

Dein Morgenritual im Überblick

Schritt 1 – Im Bett: Atem spüren, Traumerinnerung

Schritt 2 – Wasser mit Zitrone trinken

Schritt 3 – Katzenwäsche

Schritt 4 – Meditation: Sehen, was ist

Schritt 5 – Wechselatmung

Schritt 6 – Workout

Schritt 7 – Wechselduschen

Schritt 8 – Achtsamkeitstagebuch

Schritt 9 – Affirmationen für den Tagen

Schritt 10 – Achtsam frühstücken

PRAXISTIPPS

Im Bett: Atem spüren, Traumerinnerung

Bleib nach dem Aufwachen kurz auf dem Rücken liegen und spüre deinen Atem – das Ein- und Ausatmen im Bauch oder in der Brust. Versuch dann, dich kurz an das zu erinnern, was du geträumt hast. Wenn keine Bilder auftauchen, macht das auch nichts. Bleib nicht länger als zwei Minuten liegen und steh dann auf.

Meditation: Sehen, was ist

Setz dich bequem und aufrecht hin und schließ die Augen. Lass deinen Atem langsam zur Ruhe kommen.

1. Richte deine Achtsamkeit jetzt auf deinen Körper. Gibt es Anspannungen? Wo ist dein Körper entspannt? Wie ist die Haltung? Hast du Schmerzen?
2. Richte den Fokus dann auf deinen Atem: Wie atmest du gerade? Schnell oder langsam, tief oder flach?
3. Werde dir jetzt deiner Gedanken und Gefühle bewusst. Worüber denkst du gerade nach? Wie ist deine Stimmung – dein »inneres Wetter«? Sonnig, bewölkt, neblig oder stürmisch?

Mach jeweils nur eine kurze Bestandsaufnahme. Registriere, wie es deinem Körper und deinem Geist geht – das ist alles. Versuch nicht, etwas zu ändern oder deinen Zustand als »gut« oder »schlecht« einzustufen. Beobachte einfach nur, was ist. Versuch dabei, immer mehr loszulassen und dem, was auch immer gerade ist, viel Raum zu geben.

Wechselatmung

Setz dich im Yoga- oder Schneidersitz auf den Boden – der Rücken ist aufrecht, die Augen sind geschlossen. Bei dieser harmonisierenden Yogaatmung atmest du immer abwechselnd durch das linke und rechte Nasenloch – langsam und sanft. Und so geht's:

Atme tief ein und verschließ dann das rechte Nasenloch mit dem rechten Daumen. Atme langsam links aus und zähle dabei innerlich bis acht. Atme dann links bis acht ein. Am Ende der Einatmung löst du den Daumen und verschließt das linke Nasenloch mit Mittel- und Ringfinger.

Jetzt atmest du durch das rechte Nasenloch acht Sekunden lang aus und ebenso lange wieder ein.

Wiederhole diese abwechselnde Atmung ein paar Minuten lang und spüre die wohltuenden Wirkungen.

Die Wechselatmung im Überblick:

Vorbereitend tief einatmen – durch das linke Nasenloch ausatmen – links einatmen – rechts ausatmen – rechts einatmen – und so weiter, jeweils etwa acht Sekunden lang

Workout

Investiere rund zwanzig Minuten, um deinen Körper achtsam zu trainieren. Wähle eine sportliche Betätigung, bei der du dich wohlfühlst.

Wechselduschen – siehe Seite 101

Achtsamkeitstagebuch

Nimm ein Tagebuch oder einen Notizblock zur Hand oder öffne eine entsprechende App. Du startest besonders positiv in den Tag, indem du ein Achtsamkeitstagebuch führst. Dabei kannst du folgende Fragen beantworten:

- »Wie fühle ich mich gerade? Wie fühlt sich mein Körper an?«
- »Was belastet mich? Welche Gedanken trüben meine Stimmung?«
- »Was brauche ich jetzt – was gibt mir Kraft und Energie?«
- »Was habe ich gestern erreicht und was will ich heute erreichen?«
- »Welche Tätigkeiten und Menschen tun mir gut?«
- »Wofür bin ich jetzt im Augenblick dankbar?«

Affirmationen für den Tag

- »Mir geht es mit jedem Tag in jeder Hinsicht besser und besser.«
- »Ich lerne täglich Neues und wachse über mich hinaus.«
- »Ich nehme mir Zeit für mich selbst.«

Achtsam frühstücken

Mach dir beim Frühstücken bewusst, wie sehr du durch deine Nahrung mit allem Leben auf diesem Planeten verbunden bist. Ob du Müsli, ein Croissant, Obst oder ein Omelett mit Tomaten frühstückst – nichts davon wächst im Supermarkt. Deine Nahrung kommt aus der ganzen Welt.

Du kannst dein Frühstück (und dein Leben) viel mehr wertschätzen, wenn du dir klar machst, dass viele Hände nötig waren, damit du heute frühstücken kannst. Wer hat wohl die Erdbeeren für deine Marmelade gepflückt oder die Kaffeebohnen geerntet? Wer hat das Müsli verpackt, wer den Laster mit dem Brot gefahren, das der Bäcker gebacken hat? Und wer hat die Regale im Laden eingeräumt?

Achtsam essen heißt auch, dass wir uns klar machen, dass eine Tasse Kaffee nichts Selbstverständliches ist. Sonne, Erde, Wasser, Wind … das ganze Universum steckt in einem Glas Himbeermarmelade. Je bewusster uns das wird, desto mehr werden wir lernen, zu staunen und dankbar zu sein.

Das Yoga-Morgenritual

Noch vor wenigen Jahrzehnten war Yoga nur etwas für Freaks, doch inzwischen ist es mitten in unserer Gesellschaft gelandet – zum Glück! Die traditionelle indische Lehre vereint Meditation, Körper- und Atemtechniken und eine tiefgründige Philosophie. Die positiven Effekte auf Körper und Geist sind seit Langem wissenschaftlich nachgewiesen.

Yoga bietet dir die Möglichkeit, dich mit deiner Quelle zu verbinden. Durch die Übungen bringst du Körper, Seele und Geist in Harmonie, schützt deine Gesundheit und kannst deine Flexibilität bis ins hohe Alter erhalten. Yoga führt zu innerer Ruhe, Ausgeglichenheit und mehr Achtsamkeit.

Yoga passt so gut zu einem Morgenritual, dass wir dir hier ein eigenes kleines Programm vorschlagen möchten. Auch wenn du schon ein alter Yogahase bist – es kann sehr hilfreich sein, wieder zu ganz einfachen Übungen zurückzukehren, denn je einfacher die Technik, desto leichter ist es, dabei achtsam zu sein.

Dein Morgenritual im Überblick

Schritt 1 – Warmes Wasser trinken

Schritt 2 – Katzenwäsche

Schritt 3 – Easy-Yoga-Programm

Schritt 4 – Wechselatmung

Schritt 5 – Lesen

Schritt 6 – Vegetarisch oder vegan frühstücken

PRAXISTIPPS

Easy-Yoga-Programm

Übe auf einer Yogamatte oder einer weichen Decke, zieh bequeme Sachen an und achte bei jeder Übung auf deine Dehngrenze. Richte deine Achtsamkeit bei allen Stellungen auf die Haltung deines Körpers und deinen Atem, den du möglichst frei strömen lassen solltest.

1. Katze und Kuh

Knie dich auf den Boden und geh in den Vierfüßlerstand – Fußrücken, Knie und Handflächen berühren den Boden. In der Ausgangsstellung wird die Wirbelsäule gerade und parallel zum Boden gehalten.

Geh jetzt leicht ins Hohlkreuz, heb den Kopf etwas an und lass die Lendenwirbelsäule nach unten sinken.

Mach nun einen Katzenbuckel: Wölbe den ganzen Rücken nach oben, zieh das Kinn zur Brust und kipp das Becken leicht nach unten. Bleib kurz in dieser Haltung, spüre die Dehnung im Rücken und lass den Atem frei strömen.

Löse die Haltung wieder, indem du den Rücken in die Waagerechte zurückbringst. Geh von dort aus gleich wieder leicht ins Hohlkreuz zur Pferdestellung. Wechsle einige Male in einer sanften und fließenden Bewegung zwischen beiden Stellungen hin und her.

2. Kobra

Leg dich entspannt auf den Bauch – die Beine sind gestreckt und die Fußsohlen zeigen nach oben. Leg die Stirn auf den Boden und die Handflächen neben die Schultern.

Entspann dich kurz in dieser Stellung. Atme dann ein und heb den Kopf etwas vom Boden ab. Lass dazu erst die Nase und dann das Kinn sanft am Boden entlangziehen. Spann die Bein- und Rückenmuskeln kräftig an und heb dann auch den Brustkorb vom Boden ab. Die Schultern werden in der Endstellung leicht nach hinten gezogen, der Blick geht nach vorn.

Atme in der Stellung weiter. Entspann dich dann, indem du Oberkörper und Kopf wieder sinken lässt und kurz ausruhst. Wiederhole das Ganze dreimal.

3. Yoga-Mudra

Setz dich in den Fersensitz, sodass sich die Knie berühren. Halt den Rücken möglichst aufrecht und lass die Arme seitlich hängen.

Mit dem Ausatmen lässt du den Oberkörper langsam nach vorn sinken, bis du mit der Stirn den Boden berührst. Handrücken und Unterarme liegen auf dem Boden, die Schultern hängen entspannt. Lass den Atem in der Stellung ruhig fließen und spüre den sanften Druck der Atembewegung gegen die Oberschenkel. Bleib mindestens eine halbe Minute in der Yoga-Mudra.

Richte dich dann langsam auf, indem du zuerst den unteren, dann den oberen Rücken und zuletzt die Halswirbelsäule aufrollst, bis du wieder aufrecht sitzt.

4. Krokodil

Leg dich auf den Rücken und winkle die Beine an. Stell die Füße auf – Knie und Füße sind geschlossen. Bring deine gestreckten Arme in die Waagerechte, die Handflächen zeigen nach oben.

Während du langsam ausatmest, drehst du nun gleichzeitig den Kopf nach links und die geschlossenen Beine nach rechts. Achte auf deine Dehngrenze – du musst die Knie nicht bis zum Boden bringen. Atme in der Stellung entspannt weiter.

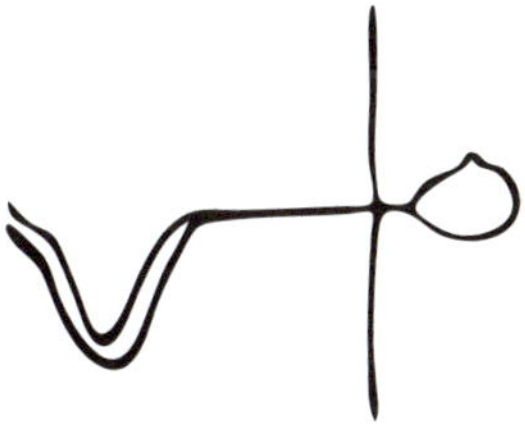

Mit der nächsten Einatmung werden Kopf und Beine über die Mittelstellung in die andere Richtung weitergedreht; der Kopf nach rechts, die Knie nach links.

Wiederhole diese Bewegung langsam und fließend einige Male nach beiden Seiten.

5. Kniekuss

Leg dich auf den Rücken und streck die Arme nach hinten. Führe dann die Arme über die Senkrechte nach vorn und leg die Hände auf die Oberschenkel.

Spann jetzt die Bauchmuskeln an und heb Kopf, oberen und unteren Rücken in einer fließenden Bewegung vom Boden ab. Führe die Bewegung fort, indem du mit deinen Händen an den Beinen entlang in Richtung Füße gleitest.

Je weiter der Oberkörper nach vorn kommt, desto näher wird der Kopf an die Knie geführt. Geh aber nur so weit, wie es deine Dehngrenze erlaubt. Drück die Knie nie ganz durch.

Atme in der Endstellung ruhig weiter. Löse die Haltung nach einigen Sekunden, indem du den Rücken langsam nach hinten abrollst, bis du wieder auf dem Rücken liegst.

6. Die Baumstellung

Stell dich mit geschlossenen Beinen aufrecht hin. Spüre den Kontakt zum Boden und stell dir vor, dass deine Fußsohlen in der Erde verwurzelt sind. Verlager dein Körpergewicht jetzt auf das rechte Bein. Heb den linken Fuß leicht an, sodass nur noch die Zehen den Boden berühren, und fixier einen Punkt auf dem Boden, etwa zwei Meter entfernt.

Führ die Handflächen nun vor der Brust zusammen. Versuch dann, den linken Fuß am Bein entlang so weit nach oben zu bringen, dass du die Fußsohle an die Innenseite des Oberschenkels legen kannst.

Steh in der Baumstellung möglichst aufrecht, atme entspannt und richte die Achtsamkeit auf einen stabilen Stand. Bleib eine Weile in dieser Stellung und lass den rechten Fuß dann wieder sinken. Wiederhole die Übung auch auf der anderen Seite.

7. Yoga-Tiefenentspannung

Entspann noch einmal deinen ganzen Körper, um das Yogaprogramm abzuschließen. Leg dich flach auf den Rücken und deck dich zu, wenn dir kühl ist. Schließ die Augen. Die Beine werden leicht gespreizt, die Füße fallen locker auseinander. Die Arme werden neben den Körper gelegt und die Handflächen zeigen nach oben.

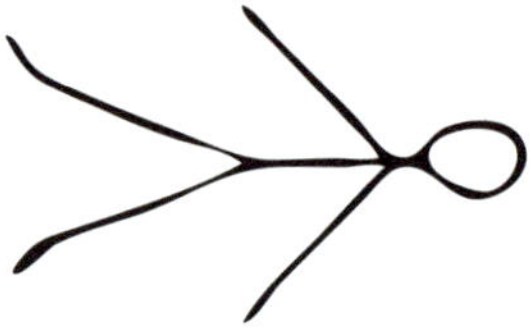

Beginne dann mit der Muskelanspannung: Heb das rechte Bein einen Zentimeter vom Boden ab, spann den Fuß und das Bein an, halt die Spannung vier Sekunden – und lass das Bein dann weich fallen. Entspann die Muskeln vollkommen. Führe das Gleiche mit dem linken Bein durch.

Spann nun das Gesäß und den Rücken an. Drück den unteren und den oberen Rücken fest in den Boden und halt die Spannung vier Sekunden lang. Dann wieder loslassen.

Heb als Nächstes beide Arme wenige Zentimeter vom Boden ab, mach Fäuste und spann die Unter- und

Oberarmmuskeln fest an. Nach vier Sekunden lässt du die Arme locker fallen und entspannst die Muskeln.

Zieh jetzt die Schultern fest zu den Ohren, spann gleichzeitig die Bauchmuskeln an und zieh die Gesichtsmuskulatur fest zusammen, als würdest du in eine Zitrone beißen. Nach vier Sekunden lässt du alle Spannungen schlagartig los.

Spür, wie dein ganzer Körper von der Erde getragen wird. Du musst jetzt nichts mehr festhalten. Lass zu, dass sich alle deine Muskeln tief entspannen, und genieß diesen Zustand. Um die Übung zu beenden, dehnst du dich gründlich durch, bevor du die Augen wieder öffnest.

Wechselatmung

Nach den Yogaübungen solltest du dir noch zwei bis drei Minuten Zeit nehmen, um die Wechselatmung durchzuführen. Sie wirkt harmonisierend, regt deine Lebensenergie auf sanfte Weise an und hilft dir, Belastungen loszulassen. Die Beschreibung findest du auf Seite 131.

Lesen

Bücher zum Thema Yoga können dir helfen, deine Technik beim Üben zu verbessern und Fehler zu vermeiden. Darüber hinaus helfen dir die Erkenntnisse der Yogaphilosophie aber vor allem auch dabei, zu dir zu kommen und spirituelle Geheimnisse zu ergründen. Empfehlenswert sind Schriften von Patanjali, Iyengar, Anna Trökes, Vivekananda, Swami Sivananda oder auch Klassiker wie die Bhagavad Gita oder die Upanishaden.

Tipps für eine Morgenroutine mit Partner

Im Zusammenleben mit einem Partner ergeben sich morgendliche Rituale oft ganz von selbst. Die Zeit, die wir morgens zu zweit verbringen, läuft meist nach festen Mustern ab – allerdings haben wir es hier oft eher mit Routine als mit Ritualen zu tun. Wenn du gemeinsam mit deinem Partner frühstückst und dabei deine Mails checkst, während er die Zeitung liest, ist das natürlich kein achtsam durchgeführtes Ritual, sondern einfach nur »gute« alte Gewohnheit.

Rituale sind dazu da, Gewohnheiten zu durchbrechen. Und gerade in Beziehungen, die schon eine Weile dauern, ist das Gold wert. Durch Achtsamkeit und Mitgefühl kannst du selbst in einer kriselnden Beziehung Verbundenheit herstellen. Allerdings gibt es keine Regeln, wie man das machen soll – jedes Paar muss das selbst herausfinden.

Vielleicht wollt ihr nach dem Aufstehen gemeinsam durch den Park laufen. Vielleicht bleibt auch Zeit für eine kurze Rückenmassage, mit der ihr euch gegenseitig verwöhnt.

Besonders wichtig ist es, miteinander zu reden und in Verbindung zu bleiben. Durch Fragen, die von Herzen kommen, könnt ihr morgens ein paar Minuten lang achtsame Kommunikation praktizieren. Beispielsweise kannst du deinem Partner einige der folgenden Fragen stellen:

- »Was ist dir wichtig? Was beschäftigt dich im Augenblick?«
- »Wovon träumst du? Was würdest du gern noch erreichen?«
- »Was nervt dich? Worüber ärgerst du dich besonders?«
- »Wovor hast du am meisten Angst?«
- »Gibt es etwas, worauf du dich heute freust?«

Lass deinem Partner für seine Antworten genug Zeit. Unterbrich ihn nicht, argumentiere nicht und gib keine Ratschläge. Hör einfach nur mit dem Herzen zu, offen und mitfühlend.

Dann solltet ihr die Rollen tauschen, damit jeder mal an die Reihe kommt.

Nicht zuletzt ist auch ein gemeinsames Frühstück Teil des Morgenrituals zu zweit. Legt die Handys weg, genießt euer Essen, bleibt achtsam und nehmt euch Zeit für euch.

Lesetipps –
Inspirationen und Poesie
für zwischendurch

Im Folgenden findest du einige Buchtipps, für den Fall, dass du in dein Morgenritual eine kleine Lese-Session einbauen willst und nicht recht weißt, womit du anfangen könntest …

Dschuang Dsi (Zhuangzi): *Das wahre Buch vom südlichen Blütenland* (Köln, Anaconda 2011)

Fried, Erich: *Es ist was es ist* (Berlin, Wagenbach 1996)

Gernhard, Robert: *Wörtersee* (Frankfurt a. Main, Fischer 2018)

Gibran, Khalil: *Der Prophet. Der Narr. Der Wanderer* (Köln, Anaconda 2010)

Laozi: *Daodejing* (München, C. H. Beck 2017)

Paul, Clara: *Schlimmstenfalls wird alles gut* (Berlin, Insel 2016)

Paul, Clara: *Gedichte, die glücklich machen* (Berlin, Insel 2014)

Rumi: *Von Allem und vom Einen* (München, Diederichs 2008)

Schopenhauer, Arthur: *Die Kunst, glücklich zu sein: Dargestellt in fünfzig Lebensregeln* (München, C. H. Beck 2018)

Shah, Idris: *Die fabelhaften Heldentaten des weisen Narren Mulla Nasrudin* (München, Herder 2001)

Lesetipps – Wenn du mehr wissen willst

Vielleicht möchtest du eines der Themen, die wir angesprochen haben, etwas genauer kennenlernen? Auch dafür möchten wir dir ein paar Vorschläge machen:

Interessierst du dich für Meditation?

Bodian, Stephan: *Meditation für Dummies* (Weinheim, Wiley-VCH 2014)

Collard, Patrizia: *Das kleine Buch vom Meditieren* (München, Heyne 2018)

Hoffmann, Ullrich: *Mini-Meditationen* (München, Gräfe und Unzer 2014)

Kabat-Zinn, John: *Gesund durch Meditation* (München, Knaur 2019)

Kabat-Zinn, John: *Im Alltag Ruhe finden. Meditationen für ein gelassenes Leben* (München, Knaur 2015)

Kornfield, Jack: *Meditation für Anfänger + CD mit 6 geführten Meditationen* (München, Arkana 2007)

Ott, Ulrich: *Meditation für Skeptiker* (München, Droemer 2015)

Yongey Mingyur Rinpoche: *Buddha und die Wissenschaft vom Glück* (München, Arkana 2007)

Willst du mehr zum Thema Gesundheit & Fitness wissen?

Lauren, Mark: *Fit ohne Geräte* (München, Riva 2017)

Lauren, Mark: *Fit ohne Geräte für Frauen* (München, Riva 2019)

Starret, Kelly / Cordoza, Glen: *Sitzen ist das neue Rauchen. Das Trainingsprogramm um lebensstilbedingten Haltungsschäden vorzubeugen …* (München, Riva 2016)

Kast, Bas: *Der Ernährungskompass* (München, Bertelsmann 2018)

Steffny, Herbert: *Das große Laufbuch* (München, Südwest 2019)

Bös, Klaus: *Kursmanual Walking und Nordic Walking* (Aachen, Meyer & Meyer 2019)

Michelsen, Andreas: *Heilen mit der Kraft der Natur* (Berlin, Insel 2017)

Spirituelle Bücher

Albom, Mitch: *Dienstags bei Morrie. Die Lehre eines Lebens* (München, Goldmann 2017)

Brahm, Ajahn: *Die Kuh, die weinte. Buddhistische Geschichten über den Weg zum Glück* (München, Lotos 2006)

Bucay, Jorge: *Der Innere Kompass. Wege der Spiritualität* (Frankfurt a. Main, Fischer 2015)

Grün, Anselm: *Versäume nicht dein Leben* (München, dtv 2017)

Kornfield, Jack: *Das weise Herz. Die universellen Prinzipien buddhistischer Psychologie* (München, Arkana 2008)

Long, Aljoscha / Schweppe, Ronald: *Füttere den weißen Wolf. Weisheitsgeschichten, die glücklich machen* (München, Kösel 2016)

Long, Aljoscha / Schweppe, Ronald: *Das Licht des Himmels in dir. Märchen und Meditationen über den Sinn des Lebens* (München, Kösel 2018)

Long, Aljoscha / Schweppe, Ronald: *Die Bucht am Rande der Zeit* (München, Kailash 2017)

Ruiz, Don Miguel: *Die vier Versprechen. Ein Weg zu Freiheit und Würde* (Berlin, Allegria 2012)

Strelecky, John: *Das Café am Rande der Welt* (München, dtv 2007)

Tolle, Eckhart: *Jetzt! Die Kraft der Gegenwart* (Bielefeld, Kamphausen 2010)

Tolle, Eckhart: *Stille spricht. Wahres Sein berühren* (München, Arkana 2003)

Buchtipps für mehr Gelassenheit und innere Ruhe

Bush, Ashley Davis: *Das kleine Buch der Ruhe und Gelassenheit* (München, Heyne 2017)

Epikur: *Philosophie der Freude* (Berlin, Insel 1988)

Hohensee, Thomas: *Gelassenheit beginnt im Kopf* (München, Knaur 2015)

Kaluza, Gert: *Gelassen und sicher im Stress. Das Stress-Kompetenzbuch* (Berlin, Springer 2018)

Long, Aljoscha / Schweppe, Ronald: *Bao und das Geheimnis der Gelassenheit* (München, Heyne 2017)

Long, Aljoscha / Schweppe, Ronald: *Die sieben Geheimnisse der Schildkröte. Den Alltag entschleunigen, das Leben entdecken* (München, Heyne 2010)

Parkin, John C.: *Fuck it! Loslassen, entspannen, glücklich sein* (München, Ariston 2017)

Seneca, Lucius Annaeus: *Von der Seelenruhe / Vom glücklichen Leben* (Köln, Anaconda 2010)

Williams, Mark: *Das Achtsamkeitstraining* (München, Goldmann 2015)

Einiges zum Thema Motivation & Erfolg

Amend, Lars: *Why not? Inspirationen für ein Leben ohne Wenn und Aber* (München, Gräfe und Unzer 2017)

Baumeister, Ron: *Die Macht der Disziplin* (München, Goldmann 2017)

Covey, Stephen R.: *Die 7 Wege zur Effektivität* (Offenbach, Gabal 2018)

Long, Aljoscha / Schweppe, Ronald: *Praxisbuch NLP. Die eigenen Kräfte aktivieren und sich auf Erfolg programmieren* (München, Südwest 2014)

Robbins, Anthony: *Das Robbins Power Prinzip* (Berlin, Ullstein 2004)

Robbins, Anthony: *Grenzenlose Energie* (Berlin, Ullstein 2004)

Roberts, Andrew: *Get Work Done!* (Köln, Harper & Coleman 2019)

Strelecky, John: *The Big Five for Life* (München, dtv 2009)

Schöne Bücher über Selbstmitgefühl und Mitgefühl

Neff, Kristin: *Selbstmitgefühl. Wie wir uns mit unseren Schwächen versöhnen und uns selbst der beste Freund werden* (München, Kailash 2012)

Long, Aljoscha / Schweppe, Ronald: *Wenn du geliebt werden willst, dann liebe* (München, Integral 2019)

Salzberg, Sharon: *Wahre Liebe. Der buddhistische Weg, mit sich selbst und anderen glücklich zu leben* (München, O.W.Barth 2017)

Stahl, Stefanie: *Das Kind in dir muss Heimat finden* (München, Kailash 2015)

Thupten, Jinpa: *Mitgefühl. Offen und empathisch sich selbst und dem Leben begegnen* (München, O. W. Barth 2016)

Bücher über Yoga

Trökes, Anna: *Das große Buch vom Yoga* (München, GU 2019)

Trökes, Anna: *Die kleine Yoga-Philosophie* (München, O.W. Barth 2013)

Badwal, Wanda: *Yoga. Die 108 wichtigsten Übungen und ihre ganzheitliche Wirkung* (München, Knaur 2019)

Skuban, Ralph: *Patanjalis Yogasutra* (München, Arkana 2011)

Waesse, Harry: *Yoga für Einsteiger* (München, GU 2019)

Über die Autoren

Aljoscha Long und Ronald Schweppe sind international bekannte Bestsellerautoren, die ganzheitliche Lebenskunst auf leicht verständliche Art kompetent zu vermitteln verstehen. Moderne Psychologie, zeitgemäße Philosophie und östliche Spiritualität fließen in ihren Werken harmonisch zusammen. Aljoscha Long ist Psychologe, Therapeut und Taiji-Lehrer, Ronald Schweppe ist Orchestermusiker und Meditationslehrer. Beide Autoren sind ist durch zahlreiche Veröffentlichungen bekannt und werden oft als Experten in Funk- und Fernsehsendungen eingeladen. Ihr Schwerpunkt liegt auf den Themen Achtsamkeit, Gelassenheit und (Selbst)-Mitgefühl.

Homepage der Autoren und weitere Informationen

www.longschweppe.de

www.instagram.com/longschweppe

Weitere Bücher der Autoren

Die 7 Geheimnisse der Schildkröte. Den Alltag entschleunigen, das Leben entdecken (Heyne, München 2010)

Füttere den weißen Wolf. Weisheitsgeschichten, die glücklich machen (Kösel, München 2016)

Bao und das Geheimnis der Gelassenheit. Wie Sie achtsam und entspannt durchs Leben kommen (Heyne, München 2017)

Karma: Die Gebrauchsanleitung … damit das Schicksal macht, was Sie wollen (Heyne, München 2011)

Das Licht des Himmels in dir. Märchen und Meditationen über den Sinn des Lebens (Kösel, München 2018)

Die Bucht am Rande der Zeit. Roman (Kailash, München 2017)